CW00832977

РУССКИЙ БЕСТСЕЛЛЕР

Александра
МАРИНИНА

Призрак музыки

ТОМ 1

МОСКВА 1999

УДК 882
ББК 84(2Рос-Рус)6-4
М 26

Разработка серийного оформления
художников
С. Курбатова и *А. Старикова*

Серия основана в 1994 году

Маринина А. Б.

М 26 Призрак музыки: Роман в 2-х т. Т. 1. — М.: ЗАО Изд-во ЭКСМО-Пресс, 1999. — 320 с. (Серия «Русский бестселлер»).

ISBN 5-04-003694-9

УДК 882
ББК 84(2Рос-Рус)6-4

ISBN 5-04-003694-9

Глава 1

Ему было хорошо. С утра он принял дозу, и теперь его душа купалась в чувстве глубокого и непоколебимого покоя. Даже изнуряющая многодневная жара его не злила. Так бывало всегда после дозы: жарко — хорошо, холодно — тоже хорошо, сидеть хорошо, лежать хорошо. Все хорошо, ничего не беспокоит.

Но мозг работал на ускоренных оборотах, и это тоже было последствием принятия дозы. Жара была хороша не только сама по себе, но и потому, что в это воскресное утро в Москве надо было очень постараться, чтобы найти праздного прохожего. Кто мог — уехал за город, кто не мог — сидел дома с включенным кондиционером или, на худой конец, с зашто-

ренными окнами, и мало находилось не жалеющих себя психов, которые шатались бы по улицам без дела. Еще бы, на солнце — тридцать девять, в тени — тридцать пять, кругом раскаленный, пышущий жаром камень домов и ни малейшего дуновения ветерка. А если добавить к этому выхлопные газы, которые, кажется, никуда не деваются, не тают, не растворяются и не уносятся, а висят ровно в том месте, где появились из автомобильной трубы... Короче, ясно, что, ежели человек себя хоть мало-мальски щадит, он ни за что на свете не станет просто так шляться по московским улицам в этот замечательный солнечный июньский день.

«Шкода-Фелиция» цвета «баклажан», а проще говоря — темно-фиолетовая, стояла там, где ему и сказали, перед домом номер восемь. Он остановился рядом, прикуривая, уронил зажигалку, едва заметным движением ботинка послал ее

чуть дальше, под машину, и присел на корточки, чтобы достать. Ну вот и порядок, радиоуправляемое взрывное устройство прилеплено к днищу под местом водителя. Выпрямившись, он прикурил и не спеша пошел вперед. И лавочка подходящая нашлась, — правда, на самом солнцепеке, но это ничего, это тоже хорошо. Была бы в тени, обязательно какая-нибудь бабка настырная явилась бы воздухом подышать, а так он гарантирован от неудобного соседства.

Он уселся на скамейку, нацепил на голову наушники, щелкнул кнопкой висящего на поясе плейера и погрузился в музыку. Сегодня с утра он долго выбирал, какие кассеты взять с собой, ведь не исключено, что ждать придется долго. Перебирал, перебирал, откладывал в отдельную стопочку, потом снова придирчиво пересматривал отложенное и ставил на место, и снова перебирал. Наконец сделал

свой выбор. Баллады «Тень луны» и Шотландскую симфонию Мендельсона. Баллады привлекали его своей прохладной сумеречностью, они были прозрачными, грустными и, несмотря на четкий ритм, неторопливыми и несуетными, какими-то нездешними.

По пути сюда он успел прослушать всю кассету с балладами и теперь, усевшись на скамейку неподалеку от фиолетовой «Фелиции», приготовился слушать Мендельсона. Даже не слушать — вкушать. Это было совсем особое удовольствие, доступное далеко не каждому. Во внешнем мире — отупляющая тяжелая жара, горячий воздух, который даже вдыхать противно, а из наушников прямо в его голову дует ураганный ветер, грохочет гром, сверкает молния, льет проливной дождь. Каждый раз, слушая Шотландскую, он представлял себе суровый пейзаж, скалистые горы, глубокие ледяные озера, темно-зе-

леные густые леса. И над всем этим холодным великолепием парит одинокая хищная птица. И ветер с дождем...

Он сидел уже два часа, слушая музыку и не сводя глаз с машины, и вдруг понял, что ужасно хочет пить. И это тоже было последствием принятой утром дозы. Он огляделся. Киоск далековато, если он пойдет к нему, то может пропустить владельца машины.

Взгляд его упал на парнишку лет семнадцати. Парнишка стоял в тени под деревом метрах в пятнадцати от скамейки, прислонившись к толстому стволу, и крутил в руке красный шарик. Шарик то появлялся в его ладони, то исчезал, то вдруг мелькал между пальцами и в следующее мгновение обнаруживался на тыльной стороне ладони. Мальчишка работал одной рукой, потом перекладывал шарик в другую руку и снова работал одной рукой.

— Эй! — крикнул он, сдвинув наушник с одного уха. — Эй, парень!

Паренек завертел головой, словно не понимая, откуда доносится звук. Потом увидел сидящего на скамейке человека.

— Вы мне?

— Да, тебе. Подойди, пожалуйста.

Парень медленно двинулся к нему, не переставая крутить шарик.

— Слушай, не в службу, а в дружбу, не сгоняешь в киоск за водой, а? Нога болит — сил нет, совсем ходить не могу, а пить хочется страшно по такой-то жаре. Сбегаешь? — Он постарался быть естественным и убедительным.

Паренек колебался, это было видно по его подвижному лицу.

— Ну пожалуйста, будь человеком. На вот, возьми червончик, принеси бутылку минералки, лучше с газом. Нарзан там или боржоми. И попроси, чтобы дали из холодильника.

Тот взял деньги и снова смешно закрутил головой. Но к киоску все-таки пошел.

— Спасибо, друг, — с чувством сказал убийца, поспешно откручивая колпачок с литровой ледяной бутылки нарзана. — Выручил ты меня. А что это ты с шариком делаешь?

Паренек улыбнулся приветливо и дружелюбно.

— Пальцы тренирую.

— Фокусником собираешься быть?

— Нет, пианистом. Извините, мне надо идти.

— Ну иди, — милостиво разрешил он, с облегчением глядя в спину удаляющемуся мальчику и снова надвигая наушник.

И хорошо, что ему надо куда-то, не хватало еще, чтобы владелец машины как раз в этот момент вышел. Мальчишка уходил ровным, неторопливым шагом, крутя головой. Убийца видел, как он дошел до дерева, у которого стоял раньше, прошел мимо и направился в сторону переулка, а несколькими секундами позже из подъезда дома номер восемь вышла женщина.

Решительным шагом она подошла к фиолетовой «Фелиции» и вставила ключ в замок двери со стороны водителя. Как только она села в машину и закрыла дверь, убийца нажал кнопку на пульте. Льющаяся из наушников музыка лишь отчасти заглушила грохот взрыва. Тут же в открытые окна стали выглядывать люди, сидевшие по домам любопытные высыпали на балконы. Остановились проезжавшие мимо машины, выскочили водители. В общем, хотя улица была довольно пустынна, вокруг места взрыва тут же возникла вполне приличная суматоха. Убийца прикинул, нужно ли подходить, изображая естественное любопытство, но решил, что народу вокруг пострадавшей машины и так достаточно, а на него внимания никто не обращает. Поднялся и ушел. Из наушников до него доносились звуки начинающейся грозы над скалистыми берегами и синими холодными озерами, и одинокая

хищная птица плавно парила над этим студеным великолепием.

Ему было хорошо и спокойно.

* * *

Выписка из приказа по личному составу начальника Главного управления внутренних дел г. Москвы:

«...назначить подполковника милиции Каменскую Анастасию Павловну на должность старшего оперуполномоченного отдела... установив должностной оклад в размере...

...назначить майора милиции Короткова Юрия Викторовича на должность заместителя начальника отдела... установив должностной оклад в размере...

...освободить полковника милиции Жерехова Павла Васильевича от должности заместителя начальника отдела... в связи с увольнением из органов внутренних дел (рапорт от 10 мая 1998 г.)...»

* * *

— Вот ужо я теперь тобой покомандую, — злорадно приговаривал Коротков, обживая новое рабочее место. — В кои веки дорвался.

— Конечно, маленького подполковника обидеть каждый может, даже майор, — отшучивалась Настя. — Зря я вернулась, ты мне жизни не дашь.

— Ага, не дам, — жизнерадостно обещал Юра. — Буду требовать, чтобы ты мне раскрыла как минимум пять убийств века, и тогда я в качестве твоего мудрого руководителя получу сто пятьдесят поощрений, пять государственных наград и звание полковника сразу, минуя подполковника. Здорово я придумал?

— Классно, — соглашалась она. — А если я тебе ничего не раскрою, ты меня выгонишь обратно к Ивану?

— Еще чего, размечталась! Даже если ты вообще ничего никогда больше не рас-

кроешь, я все равно тебя никуда не отпущу, потому что только ты можешь дать мне чувство великого милиционерского кайфа: командовать старшим по званию. Не каждому оперу так везет, как мне.

— Так ты же скоро сам подполковника получишь, и весь твой кайф закончится.

— Это еще когда будет... А пока не мешай мне наслаждаться жизнью.

И Настя не мешала. Более того, она и сама ею наслаждалась, потому что вернулась к своей работе и своим друзьям, по которым так скучала, работая в Управлении по организованной преступности. Генерал Заточный отпустил ее, как говорится, по первому требованию. Гроза, подальше от которой Настю в свое время отослал Гордеев, все-таки разразилась, правда, не осенью, как ожидалось сначала, а только весной следующего года, в марте. Неожиданно для многих был отстранен от должности министр внутрен-

них дел, и на несколько дней милицейская общественность замерла в ожидании решения своей судьбы. Кто придет на смену, еще один военный, который начнет перетасовывать кадры и назначать на все должности подряд своих однокашников по военному училищу, или все-таки профессионал? И через несколько дней вздохнули хотя и несколько настороженно, но с облегчением: не военный.

Новый министр с первых же дней заявил, что оперативно-розыскная деятельность — важнейший элемент борьбы с преступностью и ей отныне будет уделяться первоочередное внимание. Начальника Главного управления внутренних дел Москвы не тронули, соответственно и в самом управлении кадровых перестановок пока не предвиделось. Начальник отдела, в котором работала раньше Настя, остался в своем кресле, и можно было возвращаться. Проработав у Заточного без

малого десять месяцев, она успела обучить капитана Дюжина основам аналитической работы и получить очередное звание подполковника, которое не могла получить на Петровке — должность не позволяла, так что расстались они с генералом мирно и полюбовно. Как говорится, «при своих».

— Ну что, дети мои, — начал в это утро ежедневную оперативку полковник Гордеев, — преступники оказались покрепче нас с вами. Это мы от жары уже на потолок готовы лезть, а они бодренько так себя чувствуют. И откуда только силы берутся? Вчера Селуянов по городу дежурил, и надежурил он нам убийство некоей госпожи Дударевой, генерального директора фирмы... — он глянул в разложенные на столе бумаги, — фирмы «Турелла». Туристический бизнес. Дамочка состоятельная, если не сказать больше. Дело возбуждено в округе, нас пока не трогают, но, учитывая, что это могут оказаться бизнес-

разборки, не сегодня-завтра и нас подключат. Меня несколько дней не будет: уезжаю сегодня вечером в командировку, за старшего остается Коротков. Так что раздаю слонов заблаговременно. Если будет указание подключаться к убийству Дударевой, займется Селуянов, так ему и передайте, когда он после суток проспится. Понял, Коротков? Дружка своего подряжай, нечего его жалеть. А то я знаю, он на днях жениться удумал, так вы его сейчас все выручать кинетесь. С этим вопросом все, теперь докладывайте по текущим делам. Доценко, начинай с убийства Волощикова...

Настя радовалась, что за время ее отсутствия никто не оккупировал ее привычное место в углу. Основная масса сотрудников отдела рассаживалась за столом для совещаний, кому не хватило места — тот садился на стоящие вдоль стены стулья. В углу же кабинета полковника Гордеева стояло старенькое низенькое крес-

лице с выцветшей, потертой обивкой, до того расшатанное и рассохшееся, что человек весом более восьмидесяти килограммов просто не рисковал в него садиться. Настя Каменская весила меньше, поэтому любила сидеть в нем, ничего не опасаясь.

После совещания она заглянула к Короткову.

— Слушай, нехорошо как-то с Колей получилось, — сказала она. — Ему к свадьбе готовиться надо, а тут нависает реальная опасность увязнуть в убийстве туристической дамочки. Может, поговоришь с Колобком? Пусть даст другое указание.

— Ну да, он даст, — усмехнулся Юрий. — Потом догонит и еще раз даст, чтобы мало не показалось. Колобок Коляна воспитывает, это ежу понятно.

— За что? — удивилась Настя. — Где он опять нашкодил?

— Да там же, где обычно. Две недели

назад опять летал в Воронеж без спросу, правда, на один день всего, утром улетел — вечером вернулся, никто и не спохватился бы. Но не таков наш Колобок, с ним эти номера не проходят.

— И опять пил, когда вернулся?

— Это нет, — покачал головой Коротков. — Чего не было — того не было. Колька теперь почти совсем не пьет, только если в застолье, когда уж отказаться нельзя. А такого, как раньше, чтобы на три дня без просыху, не бывает. Леди Валентина его коренным образом перевоспитала. Своих детей, говорит, надо любить обязательно, а вот пить после каждого свидания с ними — это неправильно. Потому что никакой трагедии, которую имело бы смысл заливать водкой, не произошло, дети счастливы, ухожены, веселы и здоровы, живут в полноценной семье с мамой и новым папой, и такая радужная ситуация не является уважительным по-

водом для пьянства. А ежели Николаша пьет не от жалости к детям, а от жалости исключительно к самому себе, то это тем более постыдно, ибо настоящий мужик не должен себя жалеть. Он может либо поступать правильно и за это уважать себя, либо ругать за ошибки и тут же их исправлять, после чего начинать уважать себя за самокритичность. Все, третьего не дано. Долбила она его этой великой идеей, долбила, ну и додолбила. Так что наш друг Селуянов пребывает в глухой завязке. Между прочим, что дарить-то будем? Есть идеи?

— Пока нет. А у тебя?

— Тоже нет. Ладно, еще почти неделя впереди, сообразим что-нибудь. Кстати, — оживился Юра, — одна идея у меня все-таки появилась. Позвоню-ка я в округ да и узнаю, как там дела с этой Дударевой. Может, все не так страшно, и Кольке удастся увернуться.

Он достал телефонный справочник и принялся нажимать кнопки. Дозвониться удалось не сразу, сначала было занято, потом нужного человека не оказалось на месте, но в конце концов он выяснил, что гроза над головой жениха Селуянова, кажется, пролетела мимо. По делу был уже задержан муж погибшей. Похоже, обычное бытовое убийство. Ну, не совсем, конечно, обычное, не в пьяном угаре и не в разгаре семейной ссоры, а заказное, но мотив все равно бытовой: развод и деньги. Никаких бизнес-разборок, в которых задействованы фирмы и люди, находящиеся в разных концах города, а стало быть, Петровка может отдыхать.

* * *

— Гражданин Дударев, кому принадлежит автомобиль марки «Шкода-Фелиция», госномер Р 590 СУ?

— Это моя машина, я уже говорил.

— Машина оформлена на ваше имя и вы являетесь ее собственником?

— Нет, машина оформлена на имя жены, я пользуюсь ею по доверенности.

— Ваша жена часто ездит на этой машине?

— Часто. Когда я ее вожу.

— А без вас?

— Без меня она ездит на машине с шофером. Она не умеет водить машину, и у нее даже нет прав. Поймите же, если бы кто-нибудь хотел убить Елену, то не стали бы подкладывать взрывное устройство в «Шкоду», потому что на «Шкоде» езжу в основном я.

— Согласен. Только отчего-то именно сегодня, когда в вашей машине была мина, не вы, а ваша жена открыла дверь и села в салон. Как вы можете это объяснить?

— Я не знаю. Я не понимаю, что я должен объяснять.

— Ах, вы не понимаете? Тогда объяснять буду я. Гражданин Дударев, у вас хорошие отношения с женой?

— Нормальные отношения. При чем тут это?

— При нормальных отношениях супруги не ссорятся почти ежедневно, да еще так громко, что слышат все соседи.

— Все люди ссорятся и при этом нормально живут. Чего вы от меня добиваетесь?

— Потом скажу. Пойдем дальше. Гражданин Дударев, вы человек состоятельный?

— Вполне.

— Перечислите, пожалуйста, в первом приближении, свое имущество.

— Ну... Машина, квартира, загородный дом, гараж... Достаточно?

— Было бы достаточно, если бы все это действительно принадлежало вам. Но ведь это имущество вашей супруги, а не

ваше. И машина, и недвижимость зарегистрированы на ее имя, и приобретено все это до брака с вами, так что не может считаться совместно нажитым. А вам лично что принадлежит?

— ...

— Понятно. Ничего. Какие у вас доходы на сегодняшний день?

— Я получаю воинскую пенсию.

— И все?

— Все. А чего вы ожидали? Что я миллионер и уклоняюсь от уплаты налогов?

— Нет, этого я не ожидал. Скажите, пожалуйста, ваша жена вам изменяла?

— Вы с ума сошли?!

— Отнюдь. У меня есть сведения, что у нее был роман, и настолько серьезный, что она решила расстаться с вами и создать новую семью. Вы хотите сделать вид, что вам об этом неизвестно?

— Впервые слышу. Глупость какая!

— Что ж, вам придется выслушать еще

одну глупость. Но промолчать в ответ вам не удастся. Вам придется прокомментировать то, что я скажу. Итак, жили вы с Еленой Петровной плохо. Она вам изменяла, и на этой почве вы постоянно ссорились. Более того, когда вы поженились два года назад, она была весьма состоятельной особой, владелицей процветающей туристической фирмы, а вы, Георгий Николаевич, были выходящим в отставку офицером с блестящим боевым прошлым, но, увы, без будущего и без доходов. Вероятно, на этот брак вас толкнула страстная любовь, и к этому я отношусь с огромным уважением. Тогда, два года назад, ни вы, ни ваша невеста не подумали о том, как будут складываться ваши отношения в материальном плане. Вы были относительно молоды, едва за сорок, и вам казалось, что впереди все будет отлично. Но вы с вашей военной профессией оказались никому не нужны, и вы

стали жить на свою офицерскую пенсию и на то, что давала вам Елена Петровна. Согласитесь, это было унизительно. У меня есть сведения о том, что вы неоднократно пытались устроиться на работу, но не преуспели. Гражданской профессии у вас нет, максимум, что вам предлагали, это встать за прилавок и торговать на вещевом рынке, получая по пятьдесят рублей с каждого проданного пиджака. Вас это не устроило ни по деньгам, ни по статусу. Со временем страстная любовь утихла, и Елена Петровна нашла себе другого мужчину, более приспособленного к жизни. И перед вами реально встала угроза развода. Все имущество принадлежит вашей супруге, и при расторжении брака вам ничего не достанется. Гораздо удобнее остаться вдовцом, не так ли? Дальше все несложно. Вы подкладываете взрывное устройство в машину, которую купила вам жена и которую вы водите по дове-

ренности, и посылаете Елену Петровну под благовидным предлогом что-то взять из автомобиля. Что именно?

— ...

— Я спрашиваю, зачем ваша жена открывала машину, если не ездит на ней?

— Ей нужно было взять документы.

— Какие документы?

— Из строительной фирмы.

— Подробнее, пожалуйста.

— Мы хотели... Она хотела перестроить наш загородный дом и заказала в строительной фирме проект. В пятницу я должен был заехать в фирму и взять документацию.

— Почему Елена Петровна открыла дверь со стороны места водителя, если хотела взять документы из «бардачка»? Проще было бы открыть дверь со стороны пассажирского места.

— Там замок сломан. Правую переднюю дверь можно открыть только изнутри.

— Почему вы оставили документы в машине, а не принесли домой, как полагается?

— Забыл.

— Очень кстати! Забыли? Или оставили специально, чтобы был повод послать ее к машине?

— Я действительно забыл! Положил их в «бардачок» и забыл. Ну почему вы мне не верите?

— Знаете, верить вам очень трудно. На моем месте вам не поверил бы ни один другой следователь. Но вернемся к документам. Если вы, как вы утверждаете, жили мирно, в любви и согласии, то почему вы не проявили себя джентльменом и не сходили за документами сами? Почему нужно было посылать жену?

— Вы правы...

— Ну вот, видите.

— Вы правы, мы действительно ссорились в то утро. Я был против перестройки дома...

— Почему?

— Мне казалось, что он и без того достаточно хорош. Я пытался убедить Елену, мы повысили голос друг на друга... Она потребовала показать документы, я сказал, что они в машине и, если ей надо, пусть сама сходит и возьмет. Она взяла ключи от машины и пошла вниз. Вот и все.

— Нет, Георгий Николаевич, не все. Вы не просто повысили голос на жену, вы спровоцировали ссору. Вы заранее оставили документы в машине, а потом затеяли ссору, подталкивая Елену Петровну к тому, чтобы она захотела взглянуть на подготовленный проект.

— У вас больная фантазия...

— Вы знаете, сколько раз за свою жизнь я это слышал? Ровно столько, сколько подследственных отдал под суд. Так что для меня ваша оценка не нова и, смею вас уверить, не обидна. Если бы у

меня не было фантазии, я бы не довел до конца ни одно уголовное дело. Поверьте, не родился еще тот преступник, который с удовольствием рассказывал бы мне, как все было на самом деле. Мне приходится напрягать фантазию, чтобы понять, что же произошло. Вернемся, однако, к вам и вашей супруге. Специалисты осмотрели место взрыва и обломки машины и пришли к выводу, что мина была радиоуправляемой. У меня остался только один вопрос, на который я хочу получить ответ: кто привел мину в действие? Вы сами, выйдя на балкон или высунувшись в окно? Или вы наняли для этой цели кого-то другого? Вот на этот вопрос я бы хотел, чтобы вы мне ответили. Но если вы промолчите, беда невелика. Сейчас в вашей квартире идет обыск. Если мы не найдем там пульта, с которого вы послали смертельный сигнал, стало быть, начнем искать вашего сообщника. Может быть, вы

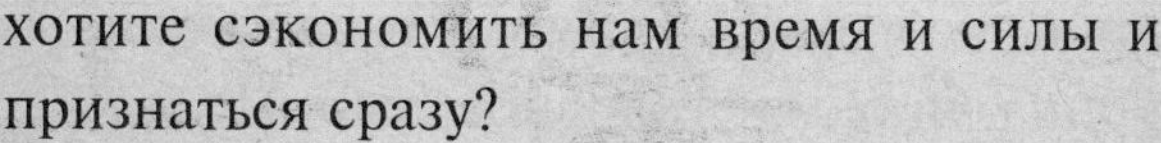

хотите сэкономить нам время и силы и признаться сразу?

— Мне не в чем признаваться. Я не подкладывал никакого устройства и не хотел убить Елену. И нет у меня никакого сообщника. Вы заблуждаетесь, вы попали в плен собственных измышлений...

— Не нужно, Георгий Николаевич, не тратьте впустую слова. Кто, кроме вас, мог предполагать, что не вы сами сядете в машину? Никто. Потому что на водительское место всегда садились только вы, вы сами мне об этом сказали. Ваша супруга автомобиль не водила. Кто, кроме вас, знал, что правая передняя дверь снаружи не открывается? Никто. И никто, кроме вас, не мог пытаться убить Елену Петровну таким странным способом, используя вашу машину и закладывая взрывное устройство под водительское место. Мы найдем либо пульт, либо человека, которого

вы наняли. Третьего не дано. Я выношу постановление о вашем задержании.

— Послушайте...

— Да?

— Что я должен сделать, чтобы вы мне поверили?

— К сожалению, такого рода совет я вам дать не могу. Могу только посоветовать, как облегчить свою участь.

* * *

К вечеру духота не спадала, немного прохладнее становилось лишь ближе к рассвету. Ольга Ермилова провела бессонную ночь, но причиной этому была не только жара. Накануне вечером в «Дорожном патруле», который она смотрела постоянно, она услышала страшную новость: Елена Дударева погибла, по подозрению в совершении преступления задержан ее муж Георгий Дударев. Мозг отказывался усвоить информацию и вместо конструктивных идей подбрасывал Ольге

какие-то странные мысли о сыне, которому, наверное, тоже жарко в пионерском лагере, и о зимних вещах, которые давно пора было отнести в химчистку. Понемногу в голове стало проясняться, и она обрела способность хоть как-то соображать. Надо позвонить Георгию и узнать, правда ли это. Ольга уже потянулась было к телефону, но вовремя сообразила, что если он действительно задержан, как сообщили по телевизору, то в квартире могут находиться работники милиции, которые начнут спрашивать, кто звонит и зачем, а сами в это время будут устанавливать номер абонента. Можно, конечно, выйти позвонить из автомата, но это тоже опасно. А вдруг муж, находящийся на дежурстве, захочет как раз в этот момент с ней поговорить? Позвонит, а дома никто трубку не снимет. Время позднее, почти час ночи, трудно будет в очередной раз врать, где была.

Одно Ольга Ермилова знала точно: Георгий не убийца. У него множество недостатков, как у любого живого человека, но убить он не может. Произошла какая-то ошибка, и она, Ольга, должна помочь ему выпутаться.

Провертевшись без сна на влажной постели до утра, Ольга стала собирать мозги и душу к приходу мужа с дежурства. Она понимала, что должна быть готова на все, она должна найти в себе силы приводить любые аргументы, даже самые опасные, только чтобы спасти Георгия. В девять утра она позвонила на работу и сказала, что приболела, сегодня отлежится, но завтра непременно выйдет. К ней отнеслись с сочувствием и велели лечиться и ни о чем не волноваться.

Михаил вернулся домой только около полудня. К этому времени Ольга сумела взять себя в руки и приготовиться к разговору. Но, увидев мужа, бледного после

суточной работы и изнемогающего от жары, она снова растерялась.

— Кушать будешь? — робко спросила она. — Или сразу спать?

— В душ, — пробормотал Михаил, срывая с себя мокрую от пота рубашку. — Сначала в душ, потом все остальное.

Он скрылся в ванной, и вскоре Ольга услышала шуршание водяных струй. Нет, она не может больше ждать. Или сейчас — или никогда. Она решительно открыла дверь ванной. Михаил стоял под душем и, зажмурившись, мыл голову шампунем.

— Миша, я вчера по телевизору слышала, что убита некая Дударева, а ее муж арестован по подозрению в убийстве. Это правда?

— Правда, — ответил он, не открывая глаз. — А почему ты спросила? Ты что, знала ее?

— Нет, ее я не знала.

— Тогда в чем дело?

— Я знаю ее мужа. Миша, это какая-то ошибка. Он не убийца.

Михаил быстро смыл пену с волос и лица и открыл глаза. Лицо его было спокойным, но выражало неподдельный интерес.

— Ты знакома с Дударевым?

— Да.

— Откуда? Почему я не знаю об этом знакомстве?

— Какая разница, Миша. Ну знаю я его — и все. Не в этом же дело.

— А в чем? Поясни, будь добра.

— Я знаю Георгия. Он не может убить свою жену.

— Это почему же?

— Не может. Я точно знаю. Он порядочный человек и настоящий мужчина, он не поднимет руку на женщину ни при каких обстоятельствах.

— Настоящий мужчина, говоришь? — прищурился Михаил. — Настоящие муж-

чины, да будет тебе известно, не сидят на шее у жены и не разъезжают в автомобилях, купленных не на свои деньги. Настоящие мужчины работают, и даже если они не зарабатывают так много, как хотелось бы, все равно делают какое-то полезное дело и хотя бы таким способом доказывают свою состоятельность. А твой приятель Дударев, когда его уволили из армии по сокращению штатов, так и осел на своей офицерской пенсии. Жена неоднократно пыталась пристроить его к делу, но он же гордый, он же, елки-палки, боевой офицер с высшим образованием, как это он встанет за прилавок одеждой торговать. Ему же подавай по меньшей мере кафедру в военной академии, тогда он, может быть, еще подумает. Разве настоящий мужчина так себя поведет? Впрочем, ты, наверное, всех этих деталей не знаешь, потому и защищаешь его.

И все-таки любопытно, откуда ты с ним знакома?

Он выключил воду и потянулся за полотенцем. Ольга некоторое время молча смотрела, как муж вытирается, обматывает бедра полотенцем, вылезает из ванны, чистит зубы.

— Ты сегодня не работаешь? — спросил он, расчесывая мокрые волосы.

— Нет.

— Тогда, может, к Валерке съездим? Отвезем ему вкусненького, воды несколько бутылок. По такой жаре он, наверное, пить все время хочет. Ты как?

— Я думала, ты устал и хочешь отдохнуть, — нерешительно ответила Ольга.

Ей не хотелось ехать к сыну в оздоровительный лагерь, не поговорив о главном. А Михаил, судя по всему, не придал никакого значения разговору и уже думает о чем-то своем.

— Сколько можно отдыхать? Посплю

часа три-четыре — и хватит. Как раз часам к шести и приедем к нему, между тихим часом и ужином. Кстати, ты за квартиру заплатила?

— Вчера же воскресенье было...

— Ах да, я и забыл с этим дежурством. Сходи сегодня, а то пени начнут капать. И за электричество не забудь заплатить. Извини. — Он слегка отстранил Ольгу и снял висящее на двери короткое шелковое кимоно, в котором любил ходить дома, особенно когда жарко.

Михаил вышел из ванной и направился на кухню. Ольга поплелась следом за ним, не зная, как продолжить прерванный разговор.

— Так, — протянул он, заглядывая в холодильник, — чего бы мне поесть?

— Хочешь, я жаркое разогрею? — предложила Ольга.

— Ни за что, в такую жару горячее есть? Я бы чего-нибудь холодненького употребил. Салатик какой-нибудь, например.

— Я сейчас сделаю, — заторопилась она. — Посиди пять минут, я быстро.

Она вытащила из холодильника помидоры, огурцы, зеленый салат, лук и стала быстро резать овощи. Михаил уселся рядом за стол, вытянул ноги, блаженно вздохнул и закурил.

— Господи, как же хорошо дома, — медленно, со вкусом произнес он. — Мне всегда было жалко мужиков, которые не знают, какое это наслаждение — после работы идти домой. Особенно когда жена не работает, а ждет тебя. Оля, я, наверное, очень счастливый. Как ты думаешь?

Ей стало почти физически больно. Он так ее любит, а ведь она собирается ему сказать... Все те месяцы, что была любовницей Дударева, Ольга с ужасом думала о том, что будет, если муж узнает. Он этого не переживет. Михаил так любит ее, так верит ей... Она не боялась развода как такового, мысль остаться одной с десяти-

летним ребенком Ольгу Ермилову не пугала, она была женщиной активной и самостоятельной, неплохо зарабатывала и не держалась за штамп в паспорте. Но она боялась нанести Михаилу удар, которого он не заслуживал. Если бы можно было и сейчас ничего ему не говорить... Но, видно, придется.

— Миша, я опять о Дудареве, — сказала она, не оборачиваясь и делая вид, что поглощена нарезкой овощей для салата. — Может, тот следователь, который его арестовал, не во всем разобрался?

— Может, — согласился он. — И что дальше?

— Ну... может, он разберется и выпустит его, как ты думаешь?

— Маловероятно. Слишком много улик против твоего знакомого. Он был заинтересован в смерти жены. И кроме того, во время службы в армии он имел дело со взрывчаткой и приобрел хорошие навыки

в работе со взрывными устройствами. Так что ничего твоему приятелю не светит. Но ты мне так и не сказала, откуда знаешь его.

— Да так, познакомились на книжной ярмарке в «Олимпийском». Я Валерке книжки искала, а Георгий тоже что-то выбирал. Разговорились. Он мне посоветовал, в какой части зала поискать то, что мне нужно. Вот и все.

— И на основе этого случайного знакомства ты делаешь такие серьезные выводы, что он хороший человек и не может никого убить? Милая, по-моему, ты пытаешься заняться благотворительностью. Слушай, есть хочется просто катастрофически. Ты скоро?

— Уже готово.

Ольга заправила салат майонезом и поставила тарелку на стол перед мужем. Михаил взял кусок хлеба и принялся с аппетитом поедать свежие овощи.

— Кофе сделать? — спросила она.

— Да, будь добра.

Ольга насыпала зерна в кофемолку и нажала кнопку. Нервы были напряжены так сильно, что громкое жужжание прямо под ухом казалось ей просто непереносимым. Она с трудом удержалась, чтобы не швырнуть вибрирующую и подвывающую машинку прямо на пол и не закричать.

— Значит, ты говоришь, он бывает на книжной ярмарке? — вдруг спросил муж.

— Да.

— Это хорошо, что ты сказала. Надо будет поискать там его связи.

— Миша, какие связи? Он не преступник! — в отчаянии заговорила Ольга. — Он никого не убивал.

— Да тебе-то откуда это известно? Что ты его защищаешь, будто он тебе брат родной? Спасибо, — он отодвинул пустую тарелку, — было очень вкусно.

— На здоровье. — Ольга набрала в

грудь побольше воздуха, как перед прыжком в воду. — Я хорошо знаю Георгия. Мне страшно и стыдно говорить тебе об этом, но я его знаю очень хорошо. И я точно знаю, что он не убийца.

— Так, — Михаил выпрямился и с тревогой посмотрел на жену. — Что значит «страшно и стыдно»? Что у вас за отношения?

— Близкие отношения, Миша. Очень близкие. Ну вот, теперь ты все знаешь.

Ольга обессиленно опустилась на стул и заплакала.

— Я прошу тебя, я умоляю... Сделай что-нибудь, поговори со следователем, у тебя же есть связи... Объясни ему, что Георгий не мог совершить ничего плохого. Я понимаю, теперь ты не захочешь больше жить со мной, ты имеешь полное право выгнать меня. Хорошо, пусть так, выгони, только спаси его!

Она уже не думала о том, какую боль

причиняет мужу, в голове стучала только одна мысль: спасти Георгия, который ни в чем не виноват, он не может быть виноват, он не мог убить свою жену! Михаил сидел бледный, руки его дрожали.

— Вот, значит, как... Оля, но почему... Дрянь! — вдруг закричал он. — Лживая дрянь! Сколько времени это длится?

— Полгода, — сквозь слезы сказала она.

— Полгода ты мне врала! Полгода ты бегала на свидания с ним, а мне плела какое-то вранье про поликлинику и магазины, да? Полгода ты ложилась с ним в постель, а потом приходила домой и обнимала меня, да? Да? Так это было?

Она кивнула.

— Мишенька, дорогой, ты прав, ты во всем прав, я бессовестная лживая дрянь, ты можешь обзывать меня как хочешь, только спаси его!

Ольга зарыдала громко и отчаянно.

— И как я должен, по-твоему, спасать

твоего любовника? — с внезапной холодностью спросил муж.

— Поговори со следователем, попроси его... Раз ты в курсе событий, значит, знаешь, кто ведет это дело. Скажи ему, что Георгий не виноват, тебе поверят. Миша, пожалуйста! Я тебя умоляю! Хочешь, я на колени встану перед тобой?

— Не надо, — его губы исказила брезгливая усмешка, — обойдемся без патетики. Ну хорошо, допустим, я добьюсь, чтобы твоего хахаля выпустили. И что потом? Ты выйдешь замуж за богатенького вдовца и бросишь меня с моей милицейской мизерной зарплатой, так? И сына заберешь, чтобы он рос в холе, неге и достатке? Или как ты себе представляешь дальнейшие события?

— Миша, я не знаю... Как ты скажешь, так и будет, только спаси его. Скажешь — уйду, скажешь — останусь.

— Останешься? И будешь мне верной

женой? Или будешь по-прежнему мне врать и бегать к своему Дудареву на свидания?

— Я даю тебе слово, я клянусь тебе, я никогда больше не увижусь с ним, если ты скажешь мне остаться. Я не буду тебе врать. Только сделай что-нибудь...

Михаил молча вышел из кухни. Через несколько минут Ольга увидела его в прихожей полностью одетым, в светлых брюках и легкой рубашке с короткими рукавами.

— Куда ты? — спросила она с надеждой.

Может быть, Михаил внял ее мольбам и сейчас пойдет к тому следователю договариваться.

— На работу.

— Ты сделаешь так, как я прошу?

— Не знаю. Это я задержал Дударева. Но теперь, когда выяснилось, что он твой любовник, я не имею права вести дело.

Я должен поставить в известность руководство и передать дело другому следователю.

— Но ты поговоришь с ним? — настаивала Ольга.

— Вряд ли. Не в моих правилах выгораживать преступников, тем более убийц. Кстати, твой любовничек знает, где я работаю?

— Конечно.

— Значит, он понимал, кто его допрашивает, но ни слова не сказал. Молодец, джентльмен. Только все равно дурак. Сказал бы сразу, его бы в тот же момент к другому следователю отправили, может, с другим-то ему больше повезло бы. Пламенный привет, Ольга Васильевна!

Он с силой захлопнул дверь. Ольга неподвижно стояла в прихожей, тупо глядя на то место, где только что стоял ее муж, словно продолжала разговаривать с ним. «Сделай что-нибудь, — мысленно тверди-

ла она, — сделай все, что нужно, чтобы его спасти, и я буду тебе верной женой до самой смерти».

Глава 2

Уголовное дело по факту убийства гражданки Дударевой Елены Петровны принял у следователя Ермилова Борис Витальевич Гмыря. Улики против мужа погибшей показались Гмыре более чем весомыми, и выпускать задержанного он не спешил. Правда, обыск на квартире Дударевых ценных результатов не принес, не было обнаружено никаких следов того, что здесь изготавливалось взрывное устройство и именно отсюда был послан смертоносный сигнал. Но Гмыря был полностью согласен со своим предшественником Ермиловым: нажать кнопку мог кто угодно, самому Дудареву делать это вовсе не обязательно. И теперь встал вопрос о том, чтобы опрашивать поголовно всех

жителей дома номер восемь и соседних домов, не видел ли кто-нибудь поблизости от машины подозрительных людей, которые слонялись без дела и выжидали неизвестно чего. А может, кто-нибудь видел в момент взрыва, как сам супруг Елены Петровны выходил на балкон? В конце концов, тот факт, что пульт в квартире не обнаружен, еще ничего не означал, до приезда милиции времени прошло немало, и виновник скоропостижной смерти любимой жены вполне мог успеть задевать улику куда угодно, вплоть до мусоропровода, который, кстати, тоже нужно проверить. Параллельно отрабатывался весь круг знакомых Георгия Николаевича Дударева с целью выявления лиц, которым подозреваемый мог бы поручить участие в столь щекотливом деле, как устранение собственной супруги.

Оперативник Сергей Зарубин, шустрый смекалистый паренек крошечного

росточка, выполнял задание по опросу жителей микрорайона, где произошла трагедия. Планомерно обходя квартиры, он чаще всего встречался с людьми, которых в то жаркое воскресное утро не было в городе. Просто удивительно, думал он, поднимаясь на очередной этаж и нажимая очередную кнопку звонка, все кричат о своей нищете, а куда ни кинься — у всех дачи. На худой конец — машины, на которых выезжают за город, подальше от душного каменного мешка.

Ему было жарко, рубашка прилипала к спине, а брюки к ногам, и Сергей, выйдя из отработанного подъезда, направился к расположенному неподалеку киоску, чтобы купить банку пепси из холодильника. Попутно ему пришла в голову мысль о том, что если посторонний человек здесь был и ждал долго, то не исключено, что он тоже подходил к киоску за чем-нибудь прохладительным. Конечно, если это был

матерый и опытный преступник, то он не стал бы так глупо светиться, но ведь не все преступники опытные и умные, среди них всякие попадаются, в том числе и не очень предусмотрительные.

— Что у вас в холодильнике есть? — спросил он у сонного вида девицы, торгующей в палатке.

— У нас есть все, — вяло протянула она. — На витрине все выставлено, выбирайте.

— И что, прямо все-все-все, что на витрине, есть в холодном виде? — недоверчиво переспросил Сергей.

— Все, — твердо ответила продавщица.

— И минералка без газа?

— «Вера» и «Святой источник». Вам какую?

— Давайте «Источник». Сколько с меня?

Девица назвала цену. Сергей долго рылся в кошельке, отсчитывая деньги, при этом приговаривал что-то забавное,

хитро поглядывая на разморенную духотой девушку, и в конце концов втянул ее в разговор. Начали, естественно, с обсуждения вопроса о том, как идет торговля в такую жарищу, потом плавно перешли к постоянным покупателям — работникам близлежащих учреждений. А потом Сергей, увидев, что настороженность его собеседницы пропала, признался в своих истинных интересах.

— Ой, из милиции! — Девица отчего-то всплеснула руками и рассмеялась. — Неужели таких маленьких в милицию берут?

— Конечно, еще как берут. Специально, чтобы никто не догадался, что я из милиции, — доверительно сообщил Зарубин. — Так как, Лялечка, вспомним что-нибудь про вчерашний день?

— Да чего там вспоминать-то, — она удрученно вздохнула, — мертвый был день, конторы не работают, а жильцы все

на дачах отсиживались. Город-то пустой, вот и у меня торговля не идет.

— Тем более, — оживился оперативник. — Значит, покупателей было мало, вот их всех и вспомните. Особенно утренних, тех, которые к вам подходили до того, как машину рвануло.

— Пацан был, точно помню, и как раз перед тем, как грохнуло, — уверенно сказала Лялечка.

— Что за пацан? Маленький?

— Да нет, не то чтобы очень. Лет восемнадцать, а может, и больше. Он вообще-то худенький такой, субтильный. Но когда наклонился к окошку, я заметила, что чисто выбрит. То есть не детское личико, а бритое, понимаешь? И лицо очень напряженное, у детей такого не бывает.

— Замечательно! — обрадовался Сергей. — Еще что можешь про него сказать? Как одет был?

— Одет обыкновенно, шорты светлые

и майка с какой-то надписью, я не разобрала. Да, в руке шарик крутил. Я еще подумала, зачем ему шарик?

— Какой шарик?

— Красненький.

— Большой?

— Да нет, вот такой, — Лялечка сложила большой и указательный пальцы, обозначая диаметр шарика. — Вроде пластмассовый.

— И ловко крутил?

— Еще как! — Лялечка завистливо вздохнула. — Если б я так умела, я бы не сидела тут, а в цирке выступала. Прямо Акопян.

«Акопян, значит, — с удовлетворением подумал Зарубин. — Чтобы так работать с шариком, нужно постоянно тренироваться, все двадцать четыре часа в сутки. Стало быть, можно говорить о привычке. Уже что-то».

Выпив залпом прямо возле киоска ма-

ленькую бутылку холодной воды, Сергей прикупил с собой еще одну и отправился на поиски. Приметы, конечно, аховые, но уж какие есть. Парень с шариком мог быть тем самым убийцей, а мог быть просто прохожим, но его все равно надо найти, тем более что он, вполне вероятно, видел убийцу.

И опять все сначала. Подъезд, лестница, этаж, дверь, звонок, вопрос: «Не знаете ли вы худощавого юношу, который имеет привычку крутить в руках шарик», слова благодарности, снова дверь, звонок, вопрос, лестница, дверь... Ноги гудели, рубашка и брюки превратились во вторую кожу, которая прилипла к телу так плотно, что, казалось, не отлипнет уже никогда.

К десяти вечера обход пришлось прекратить, люди не очень-то любят открывать на ночь глядя дверь незнакомцам, даже показывающим солидное удостоверение. Они нервничают и стараются отве-

тить как угодно, ни во что не вникая и не задумываясь, только чтобы незваный гость побыстрее ушел.

Вернувшись на следующий день утром, Зарубин продолжил прерванное накануне занятие и к обеду, поскольку основная масса народу была на работе и дверь ему никто не открывал, переместился в соседний квартал. Зашел во двор дома и глазам своим не поверил. Прямо перед ним на скамейке сидели два паренька. Один, высокий и плечистый, читал что-то вслух, а другой, худощавый и пониже ростом, одетый в светлые шорты и майку, внимательно его слушал, вертя в руке красный шарик. «И кто после этого будет говорить, что нет в жизни удачи?» — подумал Сергей.

* * *

Они не были братьями, но они были больше чем просто друзьями. Они были друг для друга всем.

Вследствие родовой травмы у Артема Кипиани началась частичная атрофия обоих зрительных нервов. Сначала ребенок плохо видел вдаль, потом вблизи, потом стали сужаться поля зрения. Ему было трудно читать и писать, глаза быстро уставали, и приходилось делать большие перерывы, чтобы отдохнуть. В начальных классах школы он еще как-то успевал с уроками, к пятому классу проблема встала во всей своей остроте. Его впервые оставили на второй год. Мальчик был более чем просто способным, он был безусловно талантливым и дома занимался уроками без устали, даже в ущерб сну. Но контрольные... На них время ограничено, и он, вынужденный все время прерываться, чтобы дать глазам отдых, катастрофически не успевал записать решение задачи, которую уже решил в уме. То же самое происходило на контрольных по русскому и английскому.

Родителям Артема пришлось в тот момент принимать ответственное решение. Отдавать ли мальчика в специальную школу для слабовидящих или оставить в обычной школе? Собственно, спора как такового между родителями не было, оба были согласны с тем, что нужно, как говорится, упираться до последнего, чтобы попытаться дать сыну полноценное образование. В школе для слабовидящих, как известно, программа обучения весьма щадящая и далеко не все общеобразовательные предметы «отоварены» учебниками по Брайлю, которые могут читать слепые. Но справится ли Артем с нарастающими нагрузками обычной школьной программы? И как быть все с теми же контрольными?

С контрольными вопрос был решен раз и навсегда. Мальчик должен получить образование, а не отметки, поэтому пусть ставят тройки и даже двойки, ничего

страшного в этом нет. А чтобы из школы не исключили за неуспеваемость, нужно стараться получать за устные ответы и домашние задания только пятерки. На алтарь выполнения этого решения Екатерина и Тенгиз Кипиани бросили все свое свободное время, они читали Артему учебники вслух и диктовали условия задач и примеры. Так проучились еще два класса, и снова мальчик оказался второгодником по результатам годовых контрольных. Предметов по программе становилось все больше, и родители уже не успевали после работы заниматься с сыном. Нужно было искать человека, который мог бы посвящать Артему все время с трех часов дня. Тенгиз пошел к завучу школы для серьезного разговора.

— Мальчику будет лучше в спецшколе, — говорила завуч, — он не справляется с нашей нагрузкой.

— Он справляется, — возражал отец, —

ему легко учиться, он все схватывает с полуслова и запоминает с первого раза. Он решает в уме сложнейшие задачи по математике и физике. Единственное, что ему трудно, это читать и писать, ему нужно на это в десять раз больше времени, чем всем другим. Неужели из-за этого вы готовы лишить парня полноценного образования?

— Я могу пойти вам навстречу, — вздохнула завуч, — если вы мне скажете, что я могу сделать для Артема. Поверьте, мне и самой жаль было бы расставаться с ним, он чудесный мальчик и действительно очень способный. Я же беспокоюсь только о нем, поймите. Ребенку трудно, а в спецшколе ему будет легко.

— Я не хочу, чтобы ему было легко. Пусть ему будет трудно, но он не будет чувствовать себя инвалидом. Он будет таким же, как все.

— Вы хотите, чтобы ему было трудно, — повторила с улыбкой завуч. — А че-

го хочет сам Артем? Вы уверены, что он хочет этих трудностей?

— Уверен, — твердо ответил Тенгиз. — Артем — ребенок с необыкновенной силой воли и силой духа, он не хочет, чтобы к нему предъявлялись пониженные требования как к существу слабому и неполноценному. Он хочет быть равным среди зрячих, а не первым среди слепых.

— И какой выход вы видите?

— Ему нужен помощник. Человек, который был бы с ним все время после школы. Но я не хочу, чтобы это был взрослый человек. Артему не нужен гувернер или репетитор, ему нужен именно помощник. Это должен быть мальчик, который хочет немного подработать на карманные расходы. Или девочка, — добавил он, немного подумав.

— Я знаю, кто вам нужен, — сказала завуч. — В нашей школе есть замечательный мальчик, он на три года младше Ар-

тема по возрасту, а если считать по классам, то на один класс. Хотите с ним познакомиться?

Так в жизнь семьи Кипиани вошел Денис Баженов. По утрам он заходил за Артемом, и они вместе шли в школу. После уроков вместе возвращались. Разогревали приготовленный Екатериной обед и начинали заниматься. Денис делал все, что нужно, чтобы Артем мог приготовить домашние задания, и еще успевал сделать свои уроки. Задачки, правда, зачастую решал для него Артем, делая это в уме и диктуя Денису. Впрочем, начиная со второго года их совместного бытия проблема уроков Дениса стала совсем несложной, ведь все это он в прошлом году учил вместе со старшим товарищем. Артем научил своего помощника читать ноты, и тот помогал ему даже заниматься музыкой. В периоды тридцатидневных курсов общеукрепляющей терапии, которые должен был регу-

лярно проходить Артем, Денис исправно возил его на уколы.

Они стали неразлучны, они тосковали друг без друга, как тоскуют расставшиеся даже ненадолго близнецы. Родители Артема не могли нарадоваться на ответственного не по годам, доброго и умного Дениса, ежедневно благодаря судьбу за то, что она подарила им этого паренька. Они считали его своим вторым сыном, брали с собой на отдых, делали ему подарки и покупали одежду, не видя разницы между ним и Артемом. А сами мальчики словно забыли о том, что они далеко не ровесники. Этим летом Денис заканчивал десятый класс, Артем — одиннадцатый, но Артему было уже девятнадцать, тогда как его товарищу — только шестнадцать. Впрочем, о разнице в возрасте забыли не только они, ибо Денис был рослым и широкоплечим и рядом с худеньким невысоким Артемом выглядел чуть ли не старшим по возрасту.

Выпускные экзамены Артем не сдавал, Екатерине удалось получить справку об освобождении по состоянию здоровья, и мальчики были целыми днями предоставлены сами себе, дожидаясь августа, когда все вместе поедут к морю.

В тот день они сидели во дворе в тени раскидистого дерева, и Денис читал вслух очередной том Роберта Желязны, а Артем внимательно слушал, привычно крутя в руке шарик, чтобы разрабатывались пальцы, когда к ним подошел незнакомый человек.

— Здравствуйте, — вежливо сказал он.

— Здравствуйте, — хором ответили мальчики и тут же рассмеялись своей синхронности.

* * *

Сергей Зарубин тоже рассмеялся, очень уж забавными выглядели взрослые парни, говорящие хором. Братья, что ли?

— Вы живете в этом доме? — осведомился он.

— Да, — и дружный кивок головами.

— И всегда отвечаете хором?

— Как придется, — сказал худенький. — А что?

— Ничего, просто спросил. Про взрыв слышали?

— Конечно, — тут же ответил второй, покрупнее. — Это же совсем рядом было.

— А сами не видели?

Возникла пауза, парни как-то странно переглянулись, и это Зарубину не очень-то понравилось.

— Я не видел, — сказал рослый парень. — И он тоже. А почему вы спрашиваете?

— Я ищу кого-нибудь, кто был в том месте незадолго до взрыва. Или во время взрыва, — пояснил Сергей, обращаясь к худенькому. Ему показалось, что тот находится в зависимости от своего более

крупного товарища, и ему хотелось разделить их в разговоре. — Я из милиции. Взрывное устройство, которое подложили в машину, было радиоуправляемым, значит, должен быть человек, который нажал на кнопку, понимаете? А раз человек был, значит, кто-нибудь его видел. Не бывает такого, чтобы никто не видел. Ведь ты был там перед самым взрывом, верно?

— Был, — согласно кивнул худенький.

— И что ты там делал?

— Стоял. Его ждал. — Он кивнул на товарища.

— И что ты там видел?

Снова пауза. Сергей пытался поймать взгляд худенького парнишки, но ему это не удавалось, его глаза все время убегали куда-то.

— Там был мужчина, — наконец сказал он.

— Какой? Что он делал?

— Сидел на скамейке. Слушал Шот-

ландскую симфонию Мендельсона. У него нога сильно болела, он совсем ходить не мог и попросил меня купить ему воды в палатке. Я купил. Вот и все.

Очень любопытно. Мужчина, у которого так сильно болит нога, что он не может ходить. И никто из опрошенных, подскочивших к машине сразу после взрыва, такого мужчину не вспомнил, хотя он должен был сидеть на скамейке и всем попадаться на глаза. Стало быть, он довольно быстро слинял с места происшествия. Нога как-то моментально болеть перестала. Неужели попал?

— Опиши, как он выглядел, как был одет, — попросил Зарубин.

И снова возникла пауза. На этот раз Сергей не стал мучиться в догадках.

— Ребята, что происходит? Почему вы так боитесь отвечать?

— Понимаете, Артем почти ничего не

видит, — произнес рослый парнишка. — Он не любит, когда об этом догадываются.

— Как не видит? — оторопел Зарубин. — Совсем?

— Почти совсем. У него такая болезнь, при которой он видит только размытый силуэт и в очень узком поле.

— А очки почему не носишь? Стесняешься? — спросил Сергей Артема.

— Нет, — тот застенчиво улыбнулся, — при этой болезни очки не помогают.

— Значит, ты совсем ничего не можешь сказать про того мужчину?

— Голос я запомнил, у меня слух хороший. А как выглядел — не знаю. Даже не могу сказать, сколько ему лет.

— У него был магнитофон?

— Плейер.

— Откуда же ты знаешь, какую музыку он слушал? Он же был в наушниках, — удивился Зарубин.

— У меня слух хороший. Если близко

стоять, то слышно даже через наушники. Он, наверное, солидный дядька, — задумчиво произнес Артем.

— Почему ты так решил? — насторожился Сергей.

— Молодежь Мендельсона не слушает, это не модно. Классику вообще только старшее поколение любит. А это была хорошая запись.

— Что значит «хорошая»? — уточнил оперативник. — Ты имеешь в виду качество записи?

— Нет, оркестр. Я такой записи и не слышал никогда. У меня Шотландская есть в исполнении Берлинского оркестра, Венского и нашего Большого симфонического. Ну и еще другие записи я слышал, только у меня их нет. Но то, что этот дядька слушал, это что-то особенное. Наверное, дирижер какой-то выдающийся.

— Да как же ты различаешь такие вещи? — изумился Зарубин. — По мне так,

оркестр — он и есть оркестр, и музыка одна и та же.

— Просто вы музыкой не занимались, поэтому не умеете слышать. — Артем снова застенчиво улыбнулся.

— Послушай, а что насчет голоса этого мужчины? — спросил Сергей. — Если ты так хорошо слышишь, то, может быть, различил какие-нибудь особенности?

— Особенности... — Артем задумался. — Он медленно говорил. Но мне показалось это нормальным, потому что жарко было очень, в такую погоду все становятся медленными. Да, правильно, медленно и как будто с трудом, вот, знаете, словно у него язык распух и плохо во рту поворачивается. Я, наверное, поэтому и решил, что он старый уже. А он что, молодой?

— Не знаю, — признался Зарубин. — Если бы знал, не спрашивал бы у тебя. Артем, ты мне очень помог, но тебе придется еще раз побеседовать или со мной,

или с моими коллегами. То, что ты рассказал, это важная информация, и ее нужно как следует обсудить и обдумать. Как мне с тобой связаться?

Сергей записал адрес и телефон Артема и протянул ему листок со своим номером телефона.

— Если что-нибудь еще вспомнишь, сразу же звони, хорошо? Меня зовут Сергей Кузьмич, можно просто Сергей.

— Мы позвоним, — подал голос второй парень. — Артем, нам пора в поликлинику.

В его голосе Сергею почудилось неудовольствие. Странно. Что такого он сказал или сделал, чтобы вызвать неприязнь этого рослого мальчишки? Надо исправлять положение, свидетель должен тебя любить, это непреложное правило сыщицкой работы.

— А тебя как зовут? — обратился он к парню.

— Денис.

— Ты брат Артема?

— Я его друг. Извините, Сергей Кузьмич, нам пора. Артему нужно делать уколы, а медсестра сердится, если мы опаздываем.

* * *

Многодневная жара изматывала людей, мешала думать и принимать решения и заставляла стремиться только к одному — к прохладе, пусть даже в ущерб работе и прочим важным вещам. Основной темой для разговоров стали передаваемые по радио и телевидению прогнозы и обсуждение степени их достоверности.

Настя Каменская сидела в кабинете Короткова и составляла вместе с ним план первоочередных мероприятий по раскрытию двойного убийства, совершенного минувшей ночью. Дышать было нечем, несмотря на распахнутое настежь окно, и они периодически открывали дверь в

коридор, чтобы немного остыть на сквозняке.

— Гады, обещали же вчера, что́ сегодня будет на пять градусов дешевле. Опять обманули, сволочи, — ворчал Юрий, расстегивая еще одну пуговицу на рубашке и дуя себе на грудь, влажную от пота. — А оно все дорожает и дорожает. С утра на градуснике было уже двадцать девять, а сколько сейчас — даже подумать страшно.

— У погоды тоже инфляция, — улыбнулась Настя.

Она жару переносила на удивление легко, единственным неудобством были отекающие ноги, из-за чего она не могла надевать босоножки, и приходилось париться в теннисных туфлях.

— И еще обещали, что вчера будет гроза, — упрямо продолжал жаловаться Коротков. — Ну и где она? Уже сегодня наступило, а грозы все не видать. Дурят нашего брата, ой дурят!

— Не видать Красной Армии... — пробормотала Настя. — Слушай, Мальчиш-Плохиш, кончай ныть, а? Ты меня с мысли сбиваешь.

— Все-все, извини, — Коротков поднял руки. — Ася, мне идет, когда я молчу?

— Невероятно.

— Ладно, тогда побуду красивым.

И в этот момент зазвонил телефон.

Поговорив, Юра положил трубку и горестно вздохнул.

— Что случилось?

— Не удалось нам Коляна спасти, — сказал он. — Поступило указание подключаться к делу гражданина Дударева в порядке оказания практической помощи.

— Жалко. Ну, ничего не поделаешь. Кто у нас там следователем выступает?

— Борька Гмыря.

— Как Гмыря? — удивилась Настя. — Ты же мне другую фамилию вчера называл. Ермаков, что ли...

— Ермилов. Он возбудил дело как дежурный следователь, а потом Борьке передал. Ох, наплачется Колян от Гмыри, Борис Витальевич терпеть не может вести дела, которые не сам возбуждал. Ходит злой как я не знаю что и на всех свое настроение выплескивает. Между прочим, подруга любимая, тебя тоже чаша не минует. Одного Селуянова нам явно не хватит, так что тебе тоже придется поработать.

— Да я что, — рассмеялась она, — я завсегда с нашим удовольствием. Только чтобы никуда не ездить и нигде ноги не оттаптывать. Ну что, солнце мое незаходящее, сладостно командовать, а? По такой-то погодке поди-ка побегай по городу. А ты сидишь себе в кабинете и указания раздаешь.

— Сладостно, — согласился Коротков. — И еще я предвкушаю особое удовольствие, когда меня по начальству тя-

гать начнут за вашу, господа подчиненные, плохую работу. Вам что, вы от меня выволочку получите, но даже не расстроитесь, потому как я один из вас, вы все меня сто лет знаете и, стало быть, не боитесь. В случае чего и послать меня можете по старой дружбе. А для вышестоящих товарищей я молодой, неопытный руководитель, которого нужно воспитывать и натаскивать, тем более когда он в самом начале пути остался без надзора, то бишь без Колобка. Ладно, будем жениха нашего искать.

* * *

Сергей Зарубин Селуянову понравился. Парень был энергичным, активным и любознательным, и Николай подумал, что, если Зарубин проработает в милиции хотя бы года четыре, он станет хорошим сыщиком. Вообще-то считается, что хорошим сыщиком можно стать не меньше чем лет за десять, но людей, проработав-

ших в уголовном розыске столько времени, сегодня днем с огнем не найдешь. Это надо быть Колобком-Гордеевым, чтобы собрать команду и удерживать ее около себя много лет. Но таких начальников, как он, еще меньше, чем опытных оперов.

Следователь Гмыря, против ожидания, совсем не злился на то, что ему передали чужое дело.

— Одно дело, когда мне передают материалы, с которыми кто-то не справился, и я понимаю, что нужно подчищать чужие ошибки, и совсем другое — когда это действительно производственная необходимость, точнее, правовая, — объяснил он Селуянову. — Мишка Ермилов не виноват, что подозреваемый оказался любовником его жены. Он грамотный следователь и наверняка с блеском провел бы дело. Но закон запрещает, против этого не попрешь.

Выслушав сообщение Зарубина об Артеме Кипиани, Гмыря задумался.

— Как мальчик-то, ничего? — неопределенно спросил он.

— Хороший парень, — уверенно ответил Сергей. — Толковый и вообще очень симпатичный.

Оперативники понимали, о чем сейчас размышляет Борис Витальевич. Информация Ермилова о том, что Дударев часто бывает на книжной ярмарке в «Олимпийском», требовала, чтобы и в этой огромной толпе, помимо других мест, выявлялись возможные связи подозреваемого. Работы навалом, а людей не хватает. И при раскрытии преступления приходится придумывать разные хитрые фокусы, направленные на сокращение объема работ. Выход напрашивался сам собой: вместо того чтобы тупо искать неизвестно кого по всей Москве, проще выпустить Дударева из камеры, чем-нибудь припуг-

нуть как следует и посмотреть, кого он побежит предупреждать об опасности.

— Борис Витальевич, — осторожно сказал Зарубин, — он почти слепой. Разве мы имеем право вовлекать его в наши дела?

— Сколько ему лет, говоришь? — вместо ответа поинтересовался следователь.

— Девятнадцать.

— Ну вот видишь, он совершеннолетний. И никто его никуда вовлекать не собирается. Просто мы никому не скажем, что он ничего не видит, а его попросим быть внимательным и никому из посторонних не говорить о своей болезни, вот и все.

Селуянов тихонько хмыкнул. Гмыря, как и любой другой человек, не был лишен недостатков, но оперативники любили с ним работать, потому что Борис Витальевич в прошлом сам был сыщиком и понимал проблемы розыскников. Более

того, он в отличие от многих следователей частенько шел на нарушения закона, не грубые, конечно, и не наносящие ущерба правосудию.

— Надо с родителями Артема поговорить, — предложил Сергей.

— Тоже правильно, — кивнул Гмыря. — Как говорится, для поддержки штанов. Но вообще-то, ребятки, об этом распространяться не следует. Узнают — по головке не погладят.

— Понял, не дурак, — весело откликнулся Селуянов.

— Кстати, я слышал, Каменская вернулась, — неожиданно сказал следователь. — Это правда?

— Истинный крест.

— Ты можешь попросить ее, чтобы она сходила к родителям этого парня?

— Да я сам могу сходить, труд невелик, — удивленно ответил Селуянов.

— Ага, ты сходишь. С тобой даже разговаривать не станут, как посмотрят на

твою дурашливую физиономию. И Серегу нельзя засылать, молодой он еще, не сможет правильно построить разговор, если они упираться начнут. А Каменская их уговорит. И потом, там же, как я понял, какой-то музыкальный вопрос, ни ты, ни Зарубин в этом ничего не понимаете, а я тем более. Зато Анастасия ваша — дамочка музыкальная, это я еще по делу Алины Вазнис помню. Она тогда с оперными либретто разбиралась.

— Нет проблем, Борис Витальевич, только вы бы сами позвонили нашему начальству, а? Моя просьба для Аськи — так, сотрясание воздуха. А вот ежели ей начальство прикажет, то она все сделает.

— Позвоню. Кто у вас там на месте сейчас?

— Коротков.

— Кто?!

Селуянов с трудом сдержал смех. Никто и ничто на свете не могло заставить его перестать шутить и веселиться, разы-

грывать своих коллег или просто подначивать их. И непередаваемым удовольствием для него было в этот момент видеть, как исполненный собственной важности следователь Гмыря будет стоять перед необходимостью обращаться с просьбой к Юрке Короткову, которого он столько раз гонял как мальчишку.

— Почему Коротков? — спросил Гмыря недовольно. — Что, никого из руководства отдела на месте нет?

— А он и есть руководство. Его неделю назад назначили.

— А Жерехова куда?

— На пенсию. По собственному желанию.

Борис Витальевич внезапно расхохотался и хлопнул Селуянова по плечу.

— Ну и жук ты, Николай! Но меня не проведешь, сам таким был, когда опером работал. Хлебом не корми, дай только следователя уесть. Ладно, позвоню, корона не свалится. Как его отчество?

— Викторович, — с готовностью подсказал Селуянов.

Гмыря набрал номер и откашлялся.

— Юрий Викторович, Гмыря беспокоит. Могу обратиться с просьбой?

* * *

К Екатерине и Тенгизу Кипиани Настя решила ехать в форме. Ей отчего-то казалось, что так будет проще разговаривать. Все-таки не мальчишка придет, а старший офицер.

Расчет оказался правильным, в форменных брюках, затянутых на тонкой талии, и в рубашке с подполковничьими погонами Настя выглядела одновременно необычно и привлекательно и вызывала доверие.

— Я не позволю втягивать своего сына в сомнительные мероприятия, — сразу же заявила мать Артема. — Он еще совсем ребенок.

— Он не ребенок, — тут же возразил Тенгиз. — Ему уже девятнадцать лет, он совершеннолетний. Если бы не зрение, он бы сейчас служил в армии и, вполне вероятно, находился там, где стреляют. Ему пора становиться мужчиной.

— Да какой он мужчина! Он только-только школу закончил! Нет, нет и нет.

Екатерина казалась непреклонной, но Настя поняла, что спорит она не с работником милиции и даже не с собственным мужем, а скорее сама с собой.

— Катенька, но ведь от Артема ничего особенного не требуется, — уговаривал Тенгиз. — Правда, Анастасия Павловна?

— Правда, — сказала Настя. — Мы не пытаемся привлечь вашего сына к своей работе. Мы могли бы вообще ничего вам не говорить, просто мы сочли, что будет неправильным не поставить в известность родителей. Мы только скажем подозреваемому, что его соучастника видели на месте происшествия и есть юноша, кото-

рый его запомнил и может опознать. Ни имени этого юноши, ни тем более его адреса никому не скажут. Единственная неправда, которая будет иметь место, это утаивание информации о том, что юноша хоть и был на самом деле, но ничего не видел. И в связи с этим просьба к вашему сыну будет состоять в том, чтобы при незнакомых людях он старался не показывать, что плохо видит, вот и все. Я, честно говоря, никакой опасности здесь не вижу. Но если вы против, то я не смею настаивать.

— Нет, — снова сказала Екатерина, но, впрочем, уже совсем нетвердо, — я боюсь за сына. Лучше мы сразу его увезем куда-нибудь. Возьмем отпуск и увезем.

— Да глупости ты говоришь! — вспылил ее муж. — Для чего мы с тобой тянули его столько лет, стараясь, чтобы Артем жил среди зрячих и вел полноценную, нормальную жизнь, какую ведут все зрячие? Для того, чтобы при первой же сложной

ситуации признать его инвалидом и спрятать под крыло? Он мужчина и должен совершать мужские поступки. Пора отпустить его от своей юбки.

— Но он же ничего не видит... — слабо сопротивлялась мать.

— Ну хорошо, давай рассуждать здраво, — вздохнул Тенгиз. — Если бы он был полноценно зрячим, если бы дело касалось, например, Дениски, а не Артема, что бы ты сказала?

— Я бы сказала то же самое. Преступнику все равно, зрячий он или слепой, он найдет мальчика и попытается его убить. Я боюсь.

— Резонно, — заметил он. — Что вы можете на это ответить, Анастасия Павловна?

Настя поняла, что он взял на себя роль арбитра-посредника между своей женой и человеком из милиции. Он, как истинный хозяин положения, не допускает разговора втроем, он ведет отдельные беседы

с Екатериной и с гостьей и в каждой из этих бесед старается занять лидирующее положение. Настоящий глава семьи, подумала Настя с улыбкой.

— Я полагаю, что такого рода опасности нет, — мягко ответила она. — Человек, которого мы хотим освободить, будет проинформирован о том, что есть некий свидетель. Об этом ему нужно будет сообщить другому преступнику, тому, который разговаривал с вашим сыном. Мы будем следить за всеми контактами подозреваемого, и, как только он встретится со своим сообщником, оба будут задержаны. У них даже не будет времени задуматься над тем, где и как искать вашего сына.

— Вы меня убедили, — решительно сказал глава семьи.

— А вашу жену?

— И ее тоже.

— Мне так не показалось, — осторожно возразила Настя.

Ей хотелось получить согласие обоих родителей, в противном случае могли возникнуть самые непредвиденные осложнения.

— Катя всегда разделяет мое мнение, — твердо произнес Тенгиз. — У нас с ней полное единодушие.

Екатерина молча кивнула в знак согласия, но взгляд у нее был какой-то затравленный.

— В таком случае мне нужно поговорить с вашим сыном. Последнее слово за ним. Может быть, он и сам откажется.

* * *

Артем стоял, прижав ухо к двери, и шепотом пересказывал другу все услышанное.

— Отец соглашается, а мама против, — сообщил он.

— А чего эта тетка хочет? — тихонько спросил Денис.

Он сидел на диване в одних шортах, влажная от пота майка висела на спинке стула перед вентилятором.

— Она хочет кому-то сказать, что я хорошо разглядел того мужика на скамейке.

— Зачем?

— Чтобы его напугать.

— А как она узнает, что это он? Ты же его не видел толком и не можешь рассказать...

— Тише! Потом обсудим, а то мне не слышно.

Какое-то время в комнате стояла тишина. Денис встал с дивана и на цыпочках подошел к вентилятору. Струи теплого воздуха обдавали обнаженное тело, и ему стало чуть полегче. Все-таки в том, чтобы не быть взрослым, есть свои преимущества. По крайней мере, в такую жару можно ходить в шортах, а взрослые, вынужденные отправляться на службу, должны напяливать на себя костюмы.

Внезапно Артем отскочил от двери и плюхнулся на диван, изобразив на лице скуку и рассеянность. В ту же секунду дверь комнаты распахнулась.

— Мальчики, идите сюда, — послышался голос Тенгиза. — С вами хотят поговорить.

Денис тут же двинулся к двери, но Артем остановил его.

— Майку надень, — шепотом подсказал он. — Неудобно, там же тетка чужая.

Денис послушно натянул непросохшую майку и поморщился. Одни неприятности от этой милиции.

Глава 3

Денис Баженов смотрел на гостью настороженно. Она ему не нравилась. Не нравилась уже по одному тому, что понимала, о чем говорит Артем. Он сам не понимал, а она понимала.

— Записи Берлинского, Венского и

Большого симфонического оркестров я послушаю, — говорила женщина в милицейской форме, — но ведь наверняка существуют еще десятки других записей Шотландской симфонии. Мне нужны какие-то признаки, по которым я смогу отличить из этих десятков записей именно ту, которую ты слышал.

— А сам музыкальный текст вы знаете? — спросил Артем.

Денис приготовился злорадствовать. Он-то знает, что такое «музыкальный текст», Артем ему объяснял, а вот тетка эта может и не знать.

— Конечно, — улыбнулась она.

— Тогда я могу наиграть несколько фрагментов из первой части, по которым вы сразу отличите ту запись.

Артем открыл рояль, сел на крутящийся стул, взял несколько аккордов.

— Вот в этом месте, — он сыграл несколько тактов, — очень слышна медь.

В других записях здесь ведут струнные, понимаете?

— Да, — кивнула Каменская. — Я запомню.

— И вот еще, — Артем снова заиграл, — здесь, наоборот, медной группы как будто совсем нет, слышны только скрипки.

— Я поняла. Ты давно занимаешься музыкой?

— Всю жизнь. Сколько себя помню, столько и занимаюсь.

— Значит, когда ты только начинал, ты видел лучше, чем сейчас?

— Намного. Поэтому мне нетрудно играть, пальцы все равно знают, где какая клавиша, вся проблема только в нотах.

Денис чуть не позеленел от злости. Как она смеет! Как смеет заговаривать с Артемом о его слепоте! Ни сам Артем, ни его родители, ни Денис никому не позволяли обсуждать проблемы болезни, все дружно делали вид, что вопрос не стоит того, чтобы о нем говорить. Надо жить и

работать, а не думать о болячках. Так учили Артема родители, так думал сам Артем и именно так приучил думать своего друга. Но Артем тоже хорош, почему он отвечает ей, вместо того чтобы резко оборвать и поставить на место, как делал всегда с одноклассниками?

— А как же с нотами? — спросила Каменская. — Наверное, ты не можешь читать с листа, тебе приходится разбирать вещь, как в начальных классах?

— По-разному. Первые минут десять я могу читать с листа, потом нужно отдыхать примерно полчаса: глаза сильно устают, и я вообще перестаю видеть. В эти полчаса мне Денис помогает, читает партитуру вслух. Правда, это медленно получается, я же вижу все нотные знаки одновременно, а он мне их называет по очереди. Но ничего, справляемся. Больше всего я люблю из головы играть, тут никакие ноты не нужны. Играю в свое удовольствие.

— А какие перспективы? Вылечиться можно?

Нет, этого Денис стерпеть уже не мог. Даже с ним, со своим ближайшим другом, Артем никогда не говорит на эту тему, хотя Денис полностью в курсе, дядя Тенгиз еще в самом начале объяснил ему все о болезни Артема раз и навсегда и предупредил, что тема эта запретна для обсуждения. Нужно делать то, что велят врачи, но никогда не обсуждать, потому что обсуждать тут нечего. Надо жить и работать, а не языком болтать.

— Перспектив нет, — сказал Денис громко и нервно, стараясь защитить друга, которому неприятно говорить об этом, — эта болезнь не лечится нигде в мире. Она ведет к полной слепоте. Некоторым везет, состояние стабилизируется, человек видит плохо, но с годами это не становится хуже. Просто замирает на одной точке.

Каменская внимательно посмотрела

на него, и под этим взглядом Денису стало не по себе.

— Ты хорошо разбираешься в болезни Артема, — заметила она. — И как, по-твоему, есть надежда, что у него состояние стабилизируется?

Денис смягчился. Он сразу простил ее, эту чужую тетку в милицейских погонах, потому что теперь она разговаривала только с ним и задавала ему вопросы о том, чего сама не знала. Она тем самым признала его первенство и превосходство. И он готов был сейчас часами рассказывать ей о том, что такое атрофия зрительного нерва и к чему она ведет. Ведь он так много знал об этой болезни.

— Пока неизвестно, — ответил он. — Это становится понятным только годам к двадцати пяти, когда полностью заканчивается формирование организма. Если, конечно, к этому времени человек не теряет зрение полностью. У Артема в пос-

ледние два года состояние не ухудшается, так что надежда есть, хоть и небольшая.

— Пусть не видят глаза, как прежде. Суть не в зрении, а в надежде, — задумчиво проговорила Каменская.

— Как вы сказали? — встрепенулся Артем.

Его глаза загорелись, он повернулся на своем вертящемся стульчике, на котором сидел перед роялем, и стал крутить головой, чтобы поймать Каменскую в то узкое поле, в котором еще мог что-то видеть.

— Это не я сказала.

— А кто?

— Ирина Астапкина, поэтесса и певица. Не слыхал?

— Нет. Я в современном искусстве не разбираюсь.

— И даже не интересуешься?

Денису не понравилось, что разговор опять шел как-то мимо него, словно его здесь и не было. Надо это исправить.

— Артему неинтересна современная эстрада, — строго сказал он. — Он классику любит.

— Что ж, это похвально. Но это вовсе не означает, что не нужно интересоваться другими течениями. А вдруг в них обнаружится то, что тебе понравится?

Денис собрался было ответить что-то грубое насчет того, что нечего им указывать, чем интересоваться, но Каменская внезапно сама перевела разговор на другое:

— Значит, договорились, Артем? Мы сегодня вечером выпускаем на свободу человека, которого подозреваем в убийстве собственной жены. Мы думаем, что он не сам взорвал машину, у него был сообщник, и мы надеемся, что он захочет найти его и предупредить об опасности. Мы скажем ему, что есть свидетель, который видел и хорошо запомнил того человека на скамейке. Твоя задача — постараться не

вступать в контакт с незнакомыми людьми, а если такое случится, не подавать виду, что ты плохо видишь. Я очень надеюсь, что твой друг тебе в этом поможет, во всяком случае, лучше вам все время ходить вдвоем.

— Мы и так все время вдвоем, — резко бросил Денис.

— И прекрасно. И еще одно. Пока мы не поймаем преступника, воздержись от упражнений с шариком.

— Почему? — удивился Артем.

— Потому что это очень яркая твоя примета. Тот человек на скамейке не обязательно хорошо разглядел твое лицо, зрительная память не у всех развита, и твою внешность он может и не вспомнить. А вот шарик он наверняка увидел и запомнил. Во всяком случае, мы тебя нашли именно по этой привычке играть с шариком, тебя запомнила продавщица, у которой ты покупал воду.

— Артему нужно тренировать пальцы, — снова встрял Денис. — И вообще, ему нужно все время что-нибудь крутить в руке. Это помогает ему сосредоточиться.

Каменская встала, и Денис с неудовольствием отметил, что она почти одного с ним роста, ну, может, чуть ниже, буквально на пару сантиметров. А с каким удовольствием он посмотрел бы на нее сверху вниз.

— И все-таки я попрошу вас обоих быть внимательными к тому, что я сказала. Если уж Артем согласился нам помочь, то вам придется прислушиваться к нашим советам. Не выносите этот шарик из квартиры, так будет лучше.

* * *

Начиная с утра понедельника, когда муж вернулся с дежурства, и до утра среды Ольга Ермилова твердила себе, что будет честной женой, если Михаил сумеет ее простить. Однако звонок Георгия за-

ставил ее забыть обо всех данных обещаниях.

— Где ты? — спросила она сразу, едва услышав его голос.

— На улице. Меня только что выпустили.

— Значит, они поняли, что ты ни в чем не виноват?

— Да нет, выпустили под подписку. Надо заниматься похоронами, я все-таки муж, а в милиции у нас большие гуманисты сидят. Оля, ты можешь со мной встретиться?

— Где и когда?

— Прямо сейчас.

Конечно, она тут же побежала к старшему администратору отпрашиваться с работы и уже через полчаса сидела на длинной полукруглой скамейке возле памятника Пушкину. Георгий подошел через несколько минут. Лицо его было осунувшимся и небритым, под глазами залегли

темные круги. Он молча поцеловал ее в щеку и сел рядом, глядя в сторону.

— Как ты? — спросила Ольга, не зная, с чего начать.

— Сама не видишь? Хорошего мало.

Георгий показался ей в этот момент чужим и незнакомым, и Ольге стало страшно. Почему она так уверена в его невиновности? А вдруг?.. И в глаза не смотрит, отворачивается.

— Скажи... — Она запнулась.

— Что?

— Ты знаешь, кто это сделал?

— Понятия не имею, — он пожал плечами. — А ты что, думаешь так же, как этот придурок следователь? Думаешь, я убил жену, чтобы имущество не делить?

— Что ты, что ты, — торопливо заговорила она. — Я так не думаю, я верю тебе. Я знаю, что ты не убивал Елену.

— Вот именно. Меня в любую минуту могут засадить обратно в камеру, и вся

моя надежда только на тебя. Ты должна мне верить, слышишь, Оля? Ты должна мне верить и помочь.

— Конечно, конечно, ты только не волнуйся, — Ольга ласково взяла его за руку. — Я все сделаю. Ты только скажи, что я должна делать.

— Найди хорошего адвоката. Пусть он займется моим делом.

— Но где же я его возьму? — растерялась она. — Я могу только прийти в юридическую консультацию и попросить. Я ведь не знаю, какой адвокат хороший, а какой нет.

— Не валяй дурака!

Георгий начал сердиться, и Ольга испугалась, что он сейчас встанет и уйдет.

— У тебя муж — следователь. Значит, есть друзья семьи, тоже следователи, они наверняка знают адвокатов. Ты что, спросить у них не можешь? У мужа спроси, в конце концов.

— Я не могу, — почти прошептала она.

— Почему?

— Он все знает.

— Откуда?

— Я ему сказала.

— Ты что, больная? Зачем ты это сделала?

— Я просила его помочь тебе. Это же он тебя арестовал. Я на все была готова, только чтобы тебе помочь.

Георгий наконец повернулся к ней, с трудом сдерживая изумление.

— Так это был он?

— Да.

— То-то я смотрю, меня сегодня уже другой следователь выпускал. Надо же, как бывает... Я и не знал, что это твой благоверный меня упек. А он, интересно, знал?

— Нет, он тоже не знал. Я только в понедельник ему сказала, когда он с дежурства вернулся.

— И как он? Сильно кричал на тебя?

— Да нет, — она слабо улыбнулась. —

Почти не кричал. Так, немножко. Потом оделся и ушел на работу.

— А потом что?

— Ничего. Он со мной не разговаривает теперь. Молча приходит, молча уходит. Спит в комнате Валерки.

Некоторое время они сидели не разговаривая. Ольга с тоской думала о том, что теперь, наверное, все будет по-другому, а скоро и вовсе закончится. Она спешила на это свидание, представляя себе, как они будут бежать навстречу друг другу, обнимутся, Георгий будет ее целовать и держать за руки, как после долгой разлуки. А оказалось все совсем не так, он сидит чужой и далекий, разговаривает неохотно, цедит слова сквозь зубы, словно она в чем-то провинилась.

— Ты, наверное, голоден? — робко спросила Ольга.

— Не очень. Жарко, есть не хочется.

— Но ты же только что из тюрьмы. Те-

бе надо поесть. Пойдем куда-нибудь пообедаем, — предложила она.

Он молча встал и направился к выходу из сквера. Ольга поспешила за ним, на ходу соображая, куда бы его повести, чтобы кормили вкусно и чтобы обстановка его не раздражала.

В таком же молчании шли вниз по Тверской. Георгий не взял ее под локоть, как обычно, и от этого Ольга чувствовала себя приблудной собакой, которая увязалась вслед за прохожим и боится, что тот заметит ее и прогонит.

Возле памятника Юрию Долгорукому стояли столики под тентами. Ольга знала, что, несмотря на непритязательный внешний вид, кормили здесь хорошо, потому что кухня была от ресторана «Арагви».

— Давай присядем, — сказала она, коснувшись руки своего спутника.

Георгий, все так же не произнося ни слова, свернул к столикам. Подошел офи-

циант, они заказали еду, и снова воцарилось молчание.

— Почему ты не разговариваешь со мной? — наконец не выдержала Ольга. — Разве я виновата в том, что случилось?

— Ты не виновата, — раздраженно ответил он. — Но я надеялся на твою помощь, ты единственный человек, на которого я могу рассчитывать. Вернее, я думал, что могу. А теперь выясняется, что ты совершенно беспомощна и не хочешь даже на пять минут напрячь мозги, чтобы придумать, как найти хорошего адвоката. Так как я могу после этого полагаться на тебя?

— Я найду тебе адвоката, — твердо пообещала Ольга. — Самого лучшего. Я сделаю все, чтобы тебя не посадили. Ты ведь не убивал Елену, правда?

Георгий отшвырнул вилку и залпом выпил сухое вино из белого пластикового стаканчика.

— Очень мило. Ты, выходит, сомневаешься? Так как я могу теперь вообще доверять тебе, если ты не доверяешь мне?

— Ну прости меня. — Ольга протянула руку, чтобы погладить его пальцы, но Георгий резко отшатнулся. — Я верю тебе, я люблю тебя, не сердись, что я спросила. Это я так, не подумала. Я не хотела тебя обидеть. Ешь, пожалуйста.

— Не хочу. Наелся. Доедай, и пойдем.

— Куда?

— Я — домой. А ты — куда хочешь. Ищи адвоката, если действительно веришь мне и хочешь помочь.

Ольга оставила недоеденное блюдо, и они направились к метро. По дороге Георгий по-прежнему молчал, а ей хотелось плакать. Она так ждала этой встречи... Лучше бы ее совсем не было.

На платформе они расстались. Георгию надо было ехать до «Красных Ворот», а Ольге — переходить на «Театральную».

— Ты больше меня не любишь? — удрученно спросила она на прощание.

— Не говори глупости, — быстро ответил он и вошел в вагон.

Двери закрылись, Георгий обернулся и посмотрел на нее через стекло. Ольга едва заметно взмахнула рукой и выдавила из себя улыбку.

По дороге на работу она с трудом сдерживала слезы. Однако к концу рабочего дня приняла решение: она сделает все, чтобы помочь Георгию, но больше не будет с ним встречаться, как встречаются любовники. С любовью покончено. Она останется с Михаилом. И даже если муж не сможет ее простить и потребует развода, она все равно не вернется к Георгию. Помочь — поможет, в лепешку разобьется, но найдет ему самого лучшего адвоката, и деньги найдет, чтобы оплатить его услуги. И даже если нужно будет дать взятку, чтобы Георгия оставили в покое,

она и это сделает. Он на нее положился, и она не имеет права его подвести, как нельзя подводить людей, которые попали в беду и для которых ты — последняя надежда. Как бы еще суметь заставить себя не любить его...

* * *

Денис часто оставался ночевать у Кипиани, остался он и сегодня. Родители Артема покормили их ужином и ушли в гости, велев мальчикам на улицу больше не выходить и развлекаться дома. Денис любил такие вечера, когда они с другом оставались вдвоем, а уходящий день словно окутывал их покрывалом настоящей и недоступной другим близости.

К вечеру жара почти не спала, дышать было по-прежнему нечем, и Артем нервно метался по квартире, отыскивая место, где удавалось поймать хотя бы слабый освежающий сквознячок.

— Хочешь, почитаем? — предложил Денис.

— Нет, спасибо.

— Тогда давай музыкой заниматься.

— Не хочу.

— А чего ты хочешь?

Артем помолчал и внезапно спросил:

— Какая она?

— Кто? — оторопел Денис.

— Эта женщина из милиции.

— Каменская?

— Ну да. Как она выглядит?

— Обыкновенно. А тебе зачем?

— Низачем. Хочу знать, какое у нее лицо. Мне неудобно было близко к ней подходить. Сколько ей лет?

— Да старуха она, почти как твои родители.

— Не может быть. Ты, наверное, не разобрался.

Денис вскипел. С какой это стати Артем интересуется женщиной из милиции? Кто она ему? Что она ему? Единственный

человек, которым его друг имеет право интересоваться, это он, Денис.

— Очень даже разобрался. Она старая. Она подполковник уже, как же она может быть молодой?

— Ты прав. Она красивая?

— Да ты что? — Денис деланно расхохотался. — Уродка! Ни рожи ни кожи. Была бы она молодая и красивая, она бы себе нашла миллионера и жила бы с ним на Канарских островах. Понял?

Артем снова помолчал. Потом сказал задумчиво:

— У нее голос хороший. Низкий, хрипловатый.

— Ничего хорошего, — оборвал друга Денис. — Голос как голос.

— Нет, хороший. — Артем улыбнулся мечтательно. — И говорит она хорошо, спокойно так. Как будто колыбельную поет.

— Да что ты заладил про эту тетку! Да-

вай лучше что-нибудь поделаем. Твой папа книжки новые принес, фэнтези. Хочешь, посмотрим?

— Не хочу. Давай просто посидим и помолчим, ладно?

Артем сел на широкий подоконник, подтянув колени к груди и обхватив их руками. Денис, насупившись, уселся на полу рядом с окном. В первый раз за три года Артем отказался чем-то заниматься вместе. В первый раз за три года Денис Баженов перестал чувствовать свою постоянную, ежечасную и ежеминутную нужность Артему. Его пронзила такая душевная боль, о существовании которой он даже не подозревал. И все из-за какой-то противной тетки из милиции!

— Я пойду домой, — решительно заявил Денис, поднимаясь с пола.

Он ждал, что Артем начнет его отговаривать, ведь они условились, что сегодня ночуют вместе.

— Хорошо, — спокойно ответил Артем. — Позвони, когда дойдешь, уже поздно, я буду волноваться.

— Нечего за меня волноваться! — выкрикнул Денис, плохо контролируя себя. — За Каменскую свою волнуйся!

Он выскочил из квартиры, захлопнул за собой дверь и помчался вниз по лестнице, не дожидаясь лифта. До своего дома, через три улицы, мчался бегом, стараясь не думать о друге. Однако стоило ему переступить порог квартиры, как все снова обрушилось на него...

У матери были гости. Как вчера и как позавчера. Как всегда. Еще одна женщина и трое мужчин, все уже прилично «взявшие».

— О, сыночек пожаловал! — радостно-удивленно завопила мать.

Она нетвердо держалась на ногах, плохо наложенная косметика поплыла, на платье виднелись пятна от какой-то жид-

кости — похоже, от томатного соуса. Денис попытался пройти в свою комнату, но мать преградила ему дорогу.

— Туда нельзя, миленький. Там занято.

— Опять? — недовольно спросил он.

— А что опять? Что опять? Ты же сам сказал, что не придешь ночевать. Сказал? Сказал, — ответила она сама себе. — Так чего ты вернулся? Никогда не даешь матери личной жизнью заняться. Вечно от тебя одни хлопоты. Иди лучше на кухню, покушай.

Денис побрел в тесную кухню, где было неубрано и пахло вчерашней едой. Есть ему не хотелось, он поужинал с Артемом. Но деваться все равно было некуда, его комната занята. Он налил себе остывшего чаю и стал пить, вяло откусывая кусочки засохшего печенья. Из комнаты матери доносились непристойные шутки и взрывы пьяного хохота.

«Никому я не нужен, — с тоской ду-

мал юноша. — Матери я всегда мешал, она только и думала, как бы от меня избавиться. А теперь я и Артему не нужен. Ему нужна эта тетка из милиции, она ему интересней, чем я. И почему я такой несчастный?»

На кухне появился один из гостей, Денис знал, что его зовут Володей и что он работает вместе с матерью в дэзе.

— Скучаешь? — осведомился Володя.

— Нет, — сдержанно ответил Денис. — Мне не скучно.

— А то выпей со мной, а? Ты уже взрослый, давай выпьем вдвоем, по-мужски.

— Не хочу, отстаньте, — огрызнулся Денис.

— Как это отстаньте? — возмутился гость. — Ты как со старшими разговариваешь? Алевтина! — заорал он. — Подь сюда, ну-ка построй своего пацана! Что это он себе позволяет?

Мать тут же вылетела из комнаты, путаясь в собственных ногах.

— Что у вас тут случилось? Денис, ты как себя ведешь?

Его покоробило, что мать даже не стала выяснять, что произошло, а сразу кинулась его обвинять. Конечно, для всех он плохой, никому не нужный, как брошенная старая кукла с оторванными ногами. Для матери на первом месте ее мужики и ежедневные попойки, для Артема — Каменская. А как же он, Денис?

— Да пошли вы все!

Он сорвался с места и выскочил из квартиры. Вышел на улицу и медленно пошел в сторону перекрестка. Ну и что дальше? Куда идти? Кому он теперь нужен?

В горле стоял ком, он мешал дышать и думать. Кажется, он даже двигаться мешал. Было еще совсем светло, в июне темнеет поздно, и Денису чудилось, что все

прохожие видят, как ему плохо, и смеются над ним, никому не нужным и никем не любимым. Такого горя, как сейчас, он не испытывал никогда прежде и совершенно не знал, что с этим делать. Неужели на сердце теперь все время будет такая тяжесть и навсегда уйдет радость и желание жить?

В какой-то момент он перестал видеть окружающее, но даже не заметил этого.

— А ты почему плачешь? — услышал он чей-то голос и только в эту секунду понял, что слезы застилают глаза.

Он попытался вытереть лицо, но сильная рука ухватила его за запястье. Денис попробовал вырваться, но рука его не отпускала.

— Что вам надо? — всхлипнул он совершенно по-детски.

— Мне — ничего. Но я могу тебе помочь. Хочешь? Я даже не буду спрашивать, кто тебя обидел и отчего ты плачешь, я

просто сделаю так, что ты перестанешь плакать и снова начнешь радоваться.

Денис наконец сморгнул слезы и снова обрел способность видеть. Перед ним стоял невероятно худой, нескладный парень в очках с толстыми стеклами.

— Наркоту будешь предлагать? — подозрительно спросил Денис.

Родители Артема тысячу раз предупреждали их о таких вот «помогальщиках», которые вроде бы протягивают руку помощи в трудную минуту, а потом подсаживают на иглу — и конец. Денис уроки накрепко усвоил. Он очень боялся за свое будущее, боялся с самого детства, когда на его глазах мать сдавала в Дом ребенка сначала младшего братишку, потом сестренку. Оба они страдали болезнью Дауна, и Денис был уверен, что это — прямое следствие того образа жизни, который вела их беспутная мамаша. Он каждый день благодарил судьбу за то, что успел родиться раньше, чем мать окончательно

пропила свое здоровье, и старался сделать все, чтобы не повторить ее путь. Хорошо учиться, набираться знаний, поступить в институт и сделать свою жизнь своими руками. Вырваться из этого затягивающего бесконечного круга, когда у пьющих родителей рождаются дети, которые растут без надзора, не получают образования, не находят себя и тоже начинают пить, и у них тоже рождаются дети... Пил дед матери, пил ее отец, пила она сама, не говоря уж о том случайном мужике, которому выпало стать его отцом. Денис Баженов делал все, что только способен был придумать его детский ум, чтобы сохранить себя и чего-то добиться. И слово «наркотики» было для него поистине страшным, ибо ставило под угрозу все то, что с таким неимоверным трудом делалось все эти годы.

— Наркотики? — Казалось, парень в очках изумился очень искренне. — Нет, зачем же. Есть кое-что получше.

— Что? — недоверчиво спросил Денис.

— «Ключ».

— Какой ключ? От квартиры, где деньги лежат?

— От тебя самого. От твоей души и от твоих мозгов. Есть способ, при помощи которого ты сможешь управлять собой и никогда не будешь плакать, если сам того не захочешь. Тебе интересно?

— А это не химия? — Дениса не оставляли подозрения.

Но, с другой стороны, деваться ему все равно некуда, Артем его уже не ждет, не домой же возвращаться, где он лишний и нежеланный. Может, и правда послушать?

— Нет, это не химия. Если у тебя есть полчаса, я покажу тебе самые простые вещи, чтобы ты имел общее представление. Так как?

— Валяй, показывай, — вяло согласился Денис.

— Тогда пойдем куда-нибудь...

— Куда? — снова насторожился Денис. — Я никуда не пойду.

— Да не бойся ты! — Парень рассмеялся. — Я же не на квартиру тебя зову. Можем и здесь позаниматься, но здесь люди ходят. Тебе же самому неудобно будет. Вон там скверик есть, пойдем туда.

В скверик можно, решил Денис. Там за углом, на перекрестке, «стакан» с гаишником, если что, можно позвать на помощь.

Они дошли до скверика, и Денис сразу плюхнулся на скамейку.

— Ну давай, показывай свой ключ.

— А ты чего уселся? — насмешливо спросил парень в очках. — Думаешь, ты будешь сидеть, а я тут перед тобой буду мировые секреты раскрывать? Так не пойдет. Ну-ка вставай.

— Зачем?

— Вставай, вставай. Любое полезное

дело требует труда. Поднимайся и делай разминку.

— Какую еще разминку? — опешил Денис.

— Обыкновенную. Наклоны, растяжки, приседания. Как на уроке физкультуры.

— Зачем?

— Ты хочешь получить ключ или нет? Тогда делай, как я говорю.

В конце концов, в разминке не было ничего плохого и опасного. Денис поднялся и нехотя сделал несколько упражнений.

— А теперь встань прямо, вытяни руки перед собой и сосредоточься. Представь, что руки расходятся в разные стороны, как крылья.

— Зачем? — снова спросил Денис.

— Не спрашивай, а делай, если хочешь себе помочь. Только не старайся сам двигать руками. Это особые идеомоторные

движения, полуавтоматические. Представляй изо всех сил, даже приказывай им расходиться, а мышцы оставляй расслабленными.

Денис вытянул перед собой руки и попытался сосредоточиться. Руки не двигались.

— И дальше чего? — недовольно спросил он.

— Ничего. Стой и приказывай рукам разойтись в разные стороны.

— У меня не получается.

— Ну и что? С первого раза ни у кого ничего не получается. Надо тренироваться. Ну-ка дай я тебя пощупаю.

Парень положил обе руки на плечи Дениса возле шеи и помял немного.

— Чего ж ты такой зажатый, а? Сделай еще пару упражнений или потрясись немного, как в рок-н-ролле, сбрось напряжение.

— Слушай, ну чего ты пристал? — сердито сказал Денис.

— Я пристал? Это ты шел по улице и ревел, как будто у тебя все близкие поумирали. И ты сам захотел себе помочь. Неужели ты так быстро сдаешься? Мне казалось, ты должен быть упорным.

Денису стало неловко. В самом деле, не годится так быстро сдаваться. Спешить все равно некуда. Он сделал несколько энергичных наклонов в стороны и вперед, потом начал приседать.

— Хватит? — спросил он после десятого приседания.

— Хватит. Теперь все сначала. Стой прямо, расслабленно, руки перед собой.

Денис снова принял стойку и вытянул руки. И через какое-то время понял, что не чувствует рук. Они стали легкими, невесомыми, и держать их в таком положении было совсем нетрудно. Он даже не успел удивиться, когда понял, что руки начали какое-то неведомое движение.

— Пошло-пошло-пошло, — заговорил

парень в очках, — есть движение! Есть! Не останавливайся, продолжай, продолжай.

Руки плавно разошлись в разные стороны.

— А теперь сразу же давай им команду двигаться обратно! Руки сходятся, руки сходятся.

«Руки сходятся, руки сходятся», — повторял про себя Денис, и руки действительно пошли в обратном направлении.

— Отлично! И теперь снова команда расходиться.

На этот раз руки пошли в разные стороны легко, и Денису показалось, что движение было более сильным и быстрым, во всяком случае, в его крайней точке даже лопатки сошлись. Он не понимал, что с ним происходит, но его охватил восторг от этого легкого и в то же время широкого движения, которое происходило не мышечным усилием, а одним лишь велением его воли. Еще одно движение ру-

ками туда и обратно, и у него возникло ощущение полета. Руки плыли, как крылья, а в голове не было ничего, кроме мысли об этих летящих без его усилий руках.

— Достаточно, остановись, — скомандовал худой очкарик. — Сделай снова несколько разминочных упражнений.

— Каких именно? — уточнил Денис.

В нем проснулся интерес, и теперь ему хотелось делать все по правилам.

— Любых. Твое тело само подскажет тебе, какие нужно делать движения. Ты только прислушайся к нему и делай.

Денис приготовился и начал гнуться назад, будто пытаясь встать на «мостик». Спина гнулась легко, и он удивился этому. Никогда на уроках физкультуры он не любил гимнастику, «мостик» делал, только когда требовал учитель, сам же он с гораздо большим удовольствием играл в волейбол и бегал на длинные дистанции.

— Вот видишь, — прокомментировал его новый знакомый, — твое тело тебе

подсказало, что нужно разминать позвоночник, в нем накопилась всякая гадость.

Денис выполнил упражнение несколько раз и с наслаждением стал наклоняться вперед, наклонялся глубоко, стараясь коснуться лбом колен.

— А теперь что?

— Теперь встань прямо, руки висят свободно. Сосредоточься и прикажи им подниматься. Все то же самое, что и раньше, только движение не назад и вперед, а вверх и вниз.

Это задание Денис выполнить не смог и ужасно расстроился.

— Я потренируюсь и добьюсь, у меня обязательно получится, — горячо заговорил он.

— А вот этого не надо, — неожиданно заявил очкарик.

— Как это не надо? Ты же сам сказал, что надо быть упорным.

— Не в этом смысле. Сама идея «ключа» состоит в том, что человек делает

только то, что у него получается и что доставляет удовольствие. Существует несколько видов движений, человек пробует выполнить каждое из них и решает, какое получается лучше и легче. Вот это движение и становится его «ключом». Всех нас всю жизнь насилуют, заставляя делать то, что нам не нравится или не получается, и убеждают нас, что это необходимо и воспитывает волю. А это неправильно. Жизнь должна приносить радость.

— Ну ты загнул, — фыркнул Денис. — Так не бывает, чтобы одни удовольствия. Если бы можно было себя ни в чем не заставлять, то все были бы неучами и никто бы не работал. Скажешь, нет?

— Скажу — да. Но идея в том, чтобы делать все это с радостью, чтобы то, что делать необходимо, уметь делать без натуги и без принуждения. Помнишь, как нас в школе учили? Свобода — это осознанная необходимость. Как только ты пой-

мешь, что что-то совершенно необходимо сделать и не сделать просто нельзя, ты с легкостью это сделаешь, потому что уже не сможешь иначе. Ты сам, понимаешь, сам осознал и сам пришел к выводу, что это необходимо сделать. А это уже совершенно другой уровень принуждения. Это уже свобода. Ты сам принимаешь решение и сам его выполняешь. Но это философия. А мы с тобой сейчас говорим о «ключе» и о том, как тебе помочь. Кстати, ты заметил, что ты сейчас делаешь?

— А что я делаю?

Денис огляделся, посмотрел на свои руки, не понимая, о чем говорит этот странный очкарик, и обнаружил, что мерно покачивается из стороны в сторону. Он даже не заметил, когда начал покачиваться, это было словно естественным состоянием тела.

— Ты качаешься. Это означает, что ты достиг того состояния легкости, при ко-

тором можно осознать свою проблему и найти новый, нетривиальный путь ее решения. Надо только сесть, расслабиться и немного отдохнуть. И решение придет само.

— Свистишь! — откликнулся Денис. — Так не бывает.

— А ты попробуй. Сразу, конечно, ничего не бывает, но на третий или четвертый раз у тебя получится. Запомни последовательность: небольшая разминка, потом летаешь, потом снова разминка, снова летаешь, уже подольше, потом стоишь, покачиваясь, потом сидишь и отдыхаешь.

— А сколько нужно летать?

— Сколько хочешь. Ты сам выбираешь, что и как тебе делать. Пока хочется — летай. Пока хочется — качайся. Помни, твой организм и твой мозг сами знают, сколько чего нужно делать, ты должен научиться их слышать и понимать, они сами подскажут. Пока упраж-

нение доставляет удовольствие, его надо делать, как только организм поймет, что уже достаточно, ты сам захочешь остановиться.

— И зачем все это? Как это может мне помочь?

— Ты научишься управлять своими эмоциями. Ты научишься не злиться и не раздражаться по пустякам, когда это мешает нормальной работе. Ты научишься не уставать. Давай договоримся: ты попробуешь позаниматься сам несколько дней, и если ты поймешь, что тебе хочется узнать побольше и научиться еще чему-то, ты придешь в одно место, где проводят специальные занятия. А если не захочешь — что ж, будешь пользоваться только тем, чему я тебя научил. Это тоже очень много, ты сам почувствуешь, когда начнешь заниматься. Я хочу, чтобы ты запомнил одну истину: если ты не научишь-

ся управлять собой, тобой будут управлять другие.

Он взглянул на часы и покачал головой.

— Половина двенадцатого. Давай-ка по домам, дружочек. Вот тебе карточка, надумаешь — приходи.

Он сунул Денису маленький картонный прямоугольник и помахал рукой на прощание.

— Эй, — крикнул ему вслед Денис, — а как тебя зовут?

— Вадим. Пока.

Он снова взмахнул рукой и заторопился к остановке троллейбуса. Денис медленно побрел к тротуару и только тут сообразил, что за время, проведенное с этим странным парнем, он ни разу не вспомнил ни о предательстве друга, ни о пьянице-матери, ни о том, что он никому не нужен. Более того, он вдруг понял, что ему вовсе не хочется об этом думать.

И куда же ему деваться? Домой он не пойдет, это очевидно. Но время близится к полуночи, оставаться на улице уже опасно. Может быть, Артем еще не лег?

Денис быстро пробежал несколько сот метров до дома, где жил его друг, и взглянул на окна. Они были темными — наверное, Артем уже спит. Он подошел к подъезду и сел на скамейку. Теперь уж точно идти некуда. Можно пересидеть здесь до утра... Он вспомнил недавнего знакомого и улыбнулся. Как смешно все это: руки сами летают, тело само качается, похоже на волшебство. И злость ушла, и горечи больше нет. Надо завтра же рассказать Артему об этой встрече и показать ему упражнение. Теперь им снова будет о чем говорить и чем заниматься вместе. Против этого никакая Каменская из милиции не удержится!

— Дениска? — услышал он совсем рядом голос Тенгиза. — Что ты здесь делаешь? Почему ты не с Артемом?

— Я... — Он растерялся и попытался на ходу придумать какую-нибудь правдоподобную ложь. — Я матери позвонил, а она попросила прийти, ей надо было помочь там... В общем, я сходил домой, а когда вернулся, было уже поздно и окна не горят. Я подумал, что Артем уже спит, не захотел его будить. Сидел тут, вас ждал.

— Пойдем, пойдем, — Екатерина потянула его за руку, — уже поздно, пора спать. Слава богу, что с тобой ничего не случилось. По вечерам столько хулиганья по улицам шатается.

От этих слов ему стало тепло и немного грустно. Они так заботятся о нем, переживают, чтобы с ним ничего не произошло. Наверное, они действительно любят его. И как он мог совсем недавно отчаиваться и думать, что никому не нужен и никто его не любит? Дурак он.

Они вошли в квартиру. Денис на цыпочках подошел к комнате Артема и тихонько приоткрыл дверь.

— Мама, ты? — тут же позвал Артем.

— Это я, — вполголоса ответил Денис и быстро проскользнул в комнату.

— Ты вернулся? Я думал, ты обиделся на меня за что-то. Ты так быстро ушел и ничего не объяснил.

— Мне домой надо было сбегать. Пришлось задержаться. Я тебя разбудил?

— Нет, я еще не спал. Ложись. Ты какой-то не такой, Денис. Что случилось?

Денис в очередной раз подивился невероятной, просто мистической чуткости своего друга. Он плохо видел, зато чувствовал людей как локатор, по одному сказанному слову умел угадывать настроение.

— Случилась одна интересная вещь. Я тебе завтра расскажу.

— Расскажи сейчас, — потребовал Артем.

Он привстал на кровати и включил свет. Радости Дениса не было предела. Артем снова повернулся к нему, он хочет

с ним разговаривать, ему интересно, что расскажет Денис. Какая там Каменская! Он сейчас вообще про нее забудет.

Денис вытащил из кармана карточку, которую дал ему Вадим. На ней было написано: «Доктор Хасай Алиев. Центр защиты от стресса. Телефон 180-27-27».

— Значит, так... — начал он, предвкушая долгий неторопливый разговор, который продлится полночи, а может быть, и до утра. Именно так бывало раньше, и именно эти часы были самыми счастливыми в его жизни.

Глава 4

На улице стояла жара, а в офисе было тихо и прохладно, работал мощный кондиционер. Варфоломеев с удовольствием приходил сюда каждый день и с неохотой выходил, стараясь сократить все встречи вне офиса. И сегодня, несмотря на риск, он тоже встречался с заказчиком здесь,

хотя по уму не надо было бы этого делать. Но что поделаешь, не приспособленным к жаре в городских условиях москвичам приходилось порой идти на поводу у погоды вопреки разуму.

— И что твой козел наколотый натворил? Перед мальчишкой засветился, как салага. Выкручивайся теперь как знаешь.

Варфоломеев поежился. Он знал, что с этим типом шутить не надо, он юмор плохо понимает, а как человек в погонах — еще и неисполнение команды не приветствует. Он прав, конечно, Костик сработал плохо, ну а чего же он хотел от наркомана-то? Должен был понимать, с кем связывается. Хотя, по совести сказать, связывался заказчик вовсе не с наркоманом Костиком, а с ним, Варфоломеевым. Другое дело, что никого, кроме наркоманов, он предложить заказчику не мог... Хотя нет, врет он, сам себе врет, мог найти и нормального парня, но по-

жадничал, нормальному-то за выполнение работы одну сумму платить придется, а подсевшему на иглу — во много раз меньшую. Подсевшие торговаться не могут, они все деньги на дозы пересчитывают. Вся Россия на доллары, а они — на дозы. Назовешь им сумму, они прикинут, сколько недель или месяцев смогут жить без проблем, и соглашаются. Вперед больше чем на два-три месяца смотреть не могут, внутренней силы не хватает, им лишь бы только сейчас хорошо было, а насчет завтра — дело десятое, а уж что там будет через год — вообще обсуждать нечего. На этом весь наркобизнес держится, человек теоретически знает, что в конце концов деградирует и умрет, причем очень быстро, оглянуться не успеет, но желание получить кайф сейчас куда сильнее смутных и неприятных перспектив, о которых, кстати, легко забываешь, приняв дозу.

Варфоломеев еще утром, после теле-

фонного звонка заказчика, приказал найти Костика и спросить, что он натворил. Заказчик по телефону никаких подробностей не дал, сказал только, что Костик сработал плохо и засветился. Тот и не думал отпираться, он пребывал в состоянии полной душевной благости и совершенно не понимал, что такого особенного сделал. Задание же он выполнил? Выполнил. Жарко было, пить очень хотелось, но не покидать же пост. Вот и попросил пацана, который неподалеку прогуливался. Приметы? Да черт его знает, он и не рассматривал его особо, шарик крутил в руке, да ловко так, будто циркач. Сказал, что пианистом быть хочет. Почему не рассматривал? Да потому что все внимание к машине было приковано, объект же в любую секунду мог появиться, тут отвлекаться нельзя. И потом, разве он знал, что лицо нужно запомнить? Такой команды не было. Не сваришь с Костиком каши, это Варфоломеев уже понял.

— Согласен, — выдавил он, — моя вина. Готов сделать все, чтобы исправить.

— Именно что, — хмуро кивнул заказчик. — Значит, так, уважаемый. Там мальчишка какой-то был лет семнадцати, примет никаких нет, но Костик твой, козел наколотый, должен его помнить. Мальчишка вертел в руках красный шарик, вроде пальцы тренировал. Мальчишку надо найти и успокоить. Костика, кстати, тоже. Ты понял меня, Варфоломеев?

— Понял я, понял. Сделаем.

— И чтобы на этот раз без ошибок.

Проводив гостя до двери, Варфоломеев вернулся в свое кресло, посидел некоторое время, задумчиво затягиваясь тонкой черной сигарой, потом нажал кнопку на пульте. Тут же в дверь заглянул мордастый охранник.

— Витю найди мне быстренько, — велел Варфоломеев.

Охранник исчез. Ровно через сорок

минут перед Варфоломеевым стоял Виктор — человек, ответственный за подбор продавцов для розничной торговли.

— Звали, Антон Федорович?

— Звал. Прикажи всем, кто у тебя на улице работает, пусть высматривают мальчишку лет семнадцати с красным шариком.

— Что за шарик?

— Маленький, сантиметров пять в диаметре. Он им пальцы тренирует, пианистом хочет быть. Все время в руке вертит. Кто увидит мальчишку, пусть немедленно идет за ним и выясняет, кто такой и где живет. Премию пообещай хорошую. Надо этого пианиста найти во что бы то ни стало, и побыстрее. И вот еще что, Витя. Насчет Костика...

* * *

Сводки наружного наблюдения за Дударевым регулярно ложились на стол Короткова, и становилось понятным, что

работы с каждым днем прибавляется. Если бы еще и рабочие руки прибавлялись с такой же скоростью... Георгий Николаевич вел весьма активный образ жизни, он не только занимался похоронами убиенной супруги, но бывал во множестве мест и встречался со множеством людей. Один из них был тем единственным, кого хотели отловить оперативники. Но кто именно?

Коротков посматривал в список фирм и учреждений, которые посетил Дударев, и после звонков Селуянова и Зарубина отмечал галочками отработанные. Одна из этих контор была строительной фирмой, и Селуянов выяснил, что Дударев приезжал туда, чтобы расторгнуть контракт на перестройку загородного дома. Другая контора занималась оказанием ритуальных услуг, там неутешный вдовец договаривался об автобусах, которые повезут останки и провожающих от морга до кладбища. Во все остальные организа-

ции Георгий Николаевич приходил узнать насчет работы. Так, во всяком случае, утверждали сотрудники этих контор.

— В каком-то одном месте нам сказали неправду, — подытожил Коротков. — Или мы что-то просмотрели. Дударев обязательно должен был встретиться со своим сообщником, чтобы предупредить его. Давайте смотреть отчеты с самого начала. Когда и где он звонил из автомата?

Зарубин полистал сколотые скрепкой отчеты наружников.

— Об автомате только одно упоминание, сразу после освобождения, но через сорок пять минут после этого он встречался со своей любовницей Ольгой Ермиловой, так что звонил он наверняка ей. Иначе откуда бы она узнала, что его выпустили и что он ее ждет у памятника Пушкину?

— И больше ни разу автоматом не пользовался? — переспросил на всякий случай Коротков.

— Наружка не зафиксировала.

— Может, пропустили? — предположил Селуянов.

— Может, — вздохнул Юрий, — но придется исходить из того, что есть. Сережа, посмотри отчеты техников еще разочек, только повнимательней. Кому он звонил из дома?

Сергей Зарубин снова зашелестел бумагами.

— Родителям Елены Петровны — четыре раза. В ее фирму — раз, два, четыре... девять раз в общей сложности. Это все насчет похорон, все расходы берет на себя «Турелла», они там согласовывали, сколько человек будет на поминках, в каком ресторане и какое меню. Дважды звонил на службу Ермиловой, спрашивал, нашла ли она адвоката. Очень гневаться изволили, что так долго.

— Ишь ты, — присвистнул Селуянов, — грамотные стали все, прямо как

в Америке. Только успел совершить преступление, а уже об адвокате позаботился.

— Еще звонил трем армейским сослуживцам, сообщал о несчастье, они собираются быть на похоронах.

— Вот это уже интересно, — поднял голову Коротков. — Дударев, по нашим сведениям, в последние годы службы имел доступ к взрывчатым веществам. Если эти сослуживцы, как и он сам, были в Чечне и с ними наше государство обошлось так же сурово, как и с Дударевым, то они вполне могли заняться криминальным бизнесом, в частности, брать заказы на убийства. Они все будут на похоронах?

Зарубин пробежал глазами текст сообщения и кивнул:

— Да, все трое.

— Отлично. Похороны у нас, как я понимаю, завтра в одиннадцать. Коля, Сережа, это ваш участок. Посмотрите, как там и что. А конторами, которые посетил

наш уважаемый фигурант, придется заняться тебе, подполковник.

— Минуточку-минуточку! — закричал Селуянов. — А как же я? У меня же завтра свадьба, вы что, забыли? Какие могут быть похороны?

— Ну Коля, свадьба-то у тебя когда? В три часа. Похороны наверняка раньше закончатся. А в ресторане, где будут проходить поминки, я тебя сменю. Мы там с Серегой вдвоем управимся.

— Нет, ребята, так не пойдет, — упрямо сказал Селуянов. — Вы завтра будете до позднего вечера торчать возле этих поминок, а кто же у меня на свадьбе будет? Аська, ты же здесь старшая по званию, употреби власть хоть раз в жизни на пользу общему делу.

Настя улыбнулась и, протянув руку, взъерошила волосы на голове Николая.

— Коленька, ситуация у нас пиковая, и изменить ничего нельзя. Мы же не мо-

жем потребовать, чтобы Дударев отменил похороны собственной жены, правильно? И предложить тебе перенести бракосочетание на другой день мы тоже не можем. Единственный выход, который существует только теоретически, состоит в том, чтобы найти еще двух оперативников, которые завтра будут весь день заниматься Дударевым вместе с Сережей, а ты и Юрик будете гулять на свадьбе.

— А ты? — тревожно спросил Николай.

— Ну и я, конечно, куда ж я денусь. Так что вопрос нужно задавать не мне, а нашему с тобой общему начальнику Короткову. Есть у него в отделе двое оперативников, которых можно снять со всех заданий и направить завтра на кладбище и в ресторан?

— Размечталась, — усмехнулся Юра. — Где ж их взять? Наш подполковник Аська права, выход существует чисто теорети-

чески. Но по опыту могу сказать, что если похороны начинаются в одиннадцать и проходят без гражданской панихиды, то к часу дня процедура захоронения обычно заканчивается, после чего все дружной толпой двигают к поминальному столу, и длится все это часов до семи вечера. Это максимум. Так что ты, Николаша, вполне успеваешь к трем часам под венец, а я не позже восьми прибываю к праздничному застолью.

— Но ты же у меня свидетелем должен быть! — в отчаянии воскликнул Селуянов. — Ну ребята, ну я не знаю прямо... Садисты вы! Человек наконец женится после стольких лет мучений, а вы все хотите порушить.

— Коленька, давай я буду твоим свидетелем, — предложила Настя. — Какая тебе разница?

— Это неприлично! Ты что? У невесты свидетелем выступает женщина, а у жениха — мужчина.

— Кто это сказал? — осведомилась она. — Где это написано?

— Так принято, — безапелляционно заявил Коля. — Так все делают.

— А ты сделаешь иначе. Правил на этот счет никаких нет.

— Валюшка расстроится, — он печально махнул рукой. — Она любит, чтобы все было по правилам.

— Коля, не надо себя обманывать, — сказал Коротков, — твоя Валентина сама работает в милиции и наши трудности понимает, как никто другой. В конце концов, молодая девушка, которая научилась водить машину раньше, чем ходить и разговаривать, и которая гоняет на ней не хуже заправского автогонщика, это тоже не по правилам. Кстати, друг мой, почему бы ей не пойти работать в ГАИ? Ей же нарушителя догнать и задержать — раз плюнуть. А она у тебя в паспортной службе отсиживается.

— Еще чего! — возмущенно откликнулся Селуянов. — Так я и пустил ее в ГАИ. Пусть в паспортном сидит, мне спокойнее, а то ведь испереживаюсь весь, не случилось ли с ней чего. Ладно, гады, уломали вы меня. Только если похороны к двум часам не закончатся, я все равно оттуда слиняю, мне еще переодеться надо перед регистрацией.

— Закончатся, не волнуйся, — успокоил его Коротков.

* * *

Взяв список фирм и учреждений, которые посетил выпущенный из-под стражи Георгий Дударев, Настя Каменская составила график, согласно которому она будет эти места отрабатывать. В первую очередь она обзвонила их и узнала, кто работает в субботу и в воскресенье, кто — только в субботу, а какие из них открыты лишь по будним дням. Закрытыми по выходным дням оказались государственные

структуры, и с ними нужно было успеть разобраться еще сегодня, в пятницу. Посмотрев на часы, она поняла, что ехать домой краситься и переодеваться бессмысленно, она потеряет уйму времени и после этого мало куда успеет. Но появляться в конторах в том виде, в каком она привыкла ходить на работу, тоже глупо. Имидж не тот. Еще раз взглянув на адреса, где ей необходимо было сегодня побывать, она решила, что целесообразнее всего воспользоваться помощью Дашеньки. Если съездить к ней переодеться и подкраситься, то можно сэкономить по меньшей мере час, а это уже хорошо.

— Ты найдешь, во что меня одеть? — спросила она жену брата по телефону.

— Смотря для чего.

Даша была существом необыкновенно обстоятельным и к вопросам одежды и внешнего вида относилась более чем серьезно. По образованию она была сти-

листом, в вопросах моды, макияжа и приличий разбиралась прекрасно, а кроме того, до замужества работала продавцом женской одежды в дорогом бутике.

— Я должна быть женщиной, которая хочет найти работу секретаря-референта и стремится выглядеть соответственно.

— А во что ты сейчас одета?

— Как обычно: джинсы, майка, теннисные туфли.

— Джинсы какие?

— «Грекоф».

— Черные?

— Нет, синие.

— Не пойдет, — решительно заявила Даша. — Я спросила, потому что думала, что на тебе надето что-нибудь приличное и нужно просто кое-что добавить. Но тут и добавлять нечего, надо все целиком подбирать. Ты через сколько приедешь?

— Минут через сорок — сорок пять.

— Жду, — по-деловому коротко ответила она.

Через сорок пять минут Настя стояла перед широченной супружеской кроватью в квартире своего сводного брата. На кровати аккуратно были разложены блузки-топы, легкие пиджаки и узкие юбки. Даша как заводная носилась по огромной квартире, присматривая одновременно за готовящимся обедом, трехлетним сыном Сашенькой, который своей энергичностью и любознательностью превзошел обоих родителей, вместе взятых, и за Настей, которая, по ее мнению, «обязательно оденется как-нибудь не так, если за ней не проследить».

— Снимай этот топ, — командовала Даша, держа в руке поварешку, которой она только что снимала пробу с борща. — У тебя из него грудь вываливается. Примерь вон тот лучше.

— Тот мне не нравится, — возражала Настя.

— А тебя никто не спрашивает, нра-

вится тебе или нет. Ты должна понравиться своему работодателю, а не блузка — тебе, ясно? Саша! Отойди от плиты, ничего там не трогай!

Она пулей умчалась на кухню и уже через несколько секунд снова стояла рядом с Настей.

— К этому топу нужна бордовая юбка.

— Но я хочу черную, — сопротивлялась Настя.

— Мало ли чего ты хочешь. С черной будет слишком мрачно, ты же не в похоронное бюро идешь наниматься на работу. Бордовый цвет элегантный, строгий и в то же время нарядный. И вообще запомни, этот цвет называется «моченая брусника».

— Твоя моченая брусника очень короткая. Я буду выглядеть в ней как непотребная девка.

— Не выдумывай, пожалуйста. Девки выглядят непотребными не оттого, что на

них юбки короткие, а оттого, что у них глаза проститутские.

Настя от души расхохоталась.

— Какие, какие у них глаза?

— Ну Настя, не заставляй меня произносить вслух неприличные слова. Ты сама знаешь, какие у них глаза. Вот видишь, юбка смотрится на тебе просто замечательно. У тебя же такие красивые ноги, а ты их вечно в джинсы укутываешь. Теперь давай пиджак подбирать.

— Может, не надо? — с сомнением спросила Настя. — Куда пиджак-то в такую жару, я же умру в нем.

— Интересно ты рассуждаешь! Приличный секретарь-референт в приличном офисе должен всегда выглядеть прилично, в любую погоду. И ты должна одним своим внешним видом показать, что ты это понимаешь и разделяешь. А то явишься в майке с полуголой грудью — и там сразу подумают, что ты и на работу так ходить собралась. Это несерьезно.

Тяжело вздохнув, Настя примерила пиджаки и выбрала один, с короткими рукавами.

— Пойдет?

— Пойдет, — одобрительно кивнула Даша. — Иди делай макияж, и будем обедать. Перед уходом босоножки тебе подберем, и полный вперед.

— Дашуня, с обедом, боюсь, не выйдет. У меня времени совсем нет.

— Ничего не знаю и слушать не хочу, — Даша отчаянно замотала головой, отчего ее густые, медового цвета волосы буквально взвихрились вокруг нежного личика с огромными синими глазами.

Настя посмотрела на часы и прикинула, что можно попытаться сэкономить время на косметике, но все-таки пообедать, чтобы не расстраивать Дашеньку. В конце концов, она же не делает сложный грим, чтобы ее нельзя было узнать. Она всего лишь приводит лицо в порядок,

чтобы оно не выглядело блеклым и невыразительным.

— Уговорила, — улыбнулась она, — только в хорошем темпе.

* * *

— Что вы умеете? — спрашивали ее.

Настя старательно отвечала:

— Пять иностранных языков, в том числе английский и французский, владею компьютером на уровне пользователя, есть основы программирования, могу работать со статистикой, могу редактировать.

Она выглядела женщиной в «хорошем возрасте» — не юная свистушка, но и не старуха, привлекательная и элегантно одетая.

— На какой оклад вы претендуете?

— Не меньше шестисот долларов, — отвечала она, понимая, что цифра выглядит по меньшей мере смешно.

Но ей и нужно было, чтобы выглядело смешно, она должна казаться непритяза-

тельной и не ценящей своих достоинств. Потому что ей нужно было задать свой главный вопрос, а для этого требовалось, чтобы с ней по крайней мере начали разговаривать и заинтересовались. Когда наступал подходящий момент, она говорила:

— Вы знаете, мы с мужем беженцы из Казахстана, там русских не жалуют, мы оба сейчас без работы. Может быть, у вас найдется что-нибудь для него?

— Что он умеет?

— Он профессиональный военный, недавно уволился в запас, в прекрасной физической форме. Воевал в Афганистане и в Чечне, владеет единоборствами, специалист по организации охраны.

И чаще всего слышала в ответ:

— К сожалению, такие работники нам не нужны.

Или:

— Мы недавно нашли подходящего человека на такую работу, вы немного опоздали.

Что ж, это понятно, уволенных из армии или из милиции профессионалов, которые хотят найти работу в коммерческих структурах, куда больше, нежели молодых привлекательных женщин с длинными ногами, знающих пять иностранных языков и владеющих компьютером.

К восьми часам вечера, когда закрылось последнее из намеченных Настей учреждений, она была совершенно вымотанной. Ноги, отекшие на жаре, срослись с босоножками, казалось, навсегда, а шелковый пиджак весил, по ее представлениям, никак не меньше трех пудов и всем этим немаленьким весом давил на плечи.

Переступив порог своей квартиры, она швырнула на пол пакет, в котором таскала полдня джинсы, майку и теннисные туфли, проковыляла на кухню и плюхнулась на стул, не в силах пошевелиться.

— Это что такое? — в изумлении спросил Алексей, выходя из комнаты. — Как ты выглядишь?

Он даже снял очки, чтобы лучше разглядеть жену. У Чистякова была дальнозоркость, и очки он надевал, когда читал или работал на компьютере.

— А как я выгляжу? По-моему, прилично.

— Весьма, весьма. — Он задумчиво оглядел ее с ног до головы. — Только помнится мне, утром ты выглядела как-то иначе. Или я заблуждаюсь?

— Нет, солнышко, ты никогда не заблуждаешься, ты до такой степени всегда бываешь прав, что иногда даже противно.

— Понятно. — Он усмехнулся и присел за стол. — И чьи это тряпочки? Уж точно не твои.

— Дашунькины. У меня не было времени ехать домой переодеваться, я к ней заскочила, это намного ближе.

— По какому поводу маскарад?

— На работу устраиваюсь. Леш, есть хочется. И босоножки было бы неплохо снять. Поможешь?

— Помогу, конечно, инвалидка ты моя любимая.

Он нагнулся, чтобы расстегнуть ремешки, и расстроенно охнул.

— Ты ноги в кровь стерла. Неужели сама не чувствуешь?

— Чувствую, что больно. Ладно, бог с ними. Завтра что-нибудь попроще надену.

— А что, завтра снова устраиваться на работу?

— Боюсь, что и послезавтра тоже. А может быть, и в понедельник, если не повезет. И завтра мы с тобой идем на свадьбу к другу Селуянову. Ты не забыл?

— Забыл, — честно признался Чистяков. — А подарок у нас есть?

— Нету. Но завтра еще целых полдня, можно успеть.

— Ну да, я так полагаю, что успевать придется мне, поскольку ты идешь на работу устраиваться.

— Лешенька, — простонала Настя, —

я несчастная, уставшая, голодная и со стертыми в кровь ногами. Пожалей, а?

Конечно, Алексей пожалел ее, как жалел всегда. Аккуратно отсоединив кожу босоножек от кожи ног, он обработал стертые места лекарством, помог Насте переодеться, не вставая со стула, и приготовил ужин. Покормив жену, он снова внимательно осмотрел ее ноги и покачал головой.

— Пожалуй, завтра ты много не прошагаешь, это до утра не заживет.

— Выхода нет, — ответила Настя равнодушно, — все равно придется.

— Может, машину возьмешь? — предложил он. — Завтра ездить будет легко: все с утра на дачи рванут, и после одиннадцати дороги опустеют.

— Да ну ее, — Настя вяло махнула рукой, — я на метро как-нибудь.

— Не как-нибудь, а возьмешь машину, — строго сказал Алексей. — Иначе

послезавтра ты даже в домашних тапках ходить не сможешь.

Она понимала, что Чистяков, как всегда, прав. И тот факт, что она терпеть не может водить машину, ни в коей мере не умаляет его правоты.

* * *

Наконец-то Ольге Ермиловой удалось найти адвоката. Конечно, не того, который был ей нужен, но по крайней мере того, кто поможет советом. Телефон адвоката дала ей коллега по работе, сказав, что он вообще-то специализируется на делах несовершеннолетних, но поскольку работает в адвокатуре бог знает сколько лет, то может посоветовать, к кому ей лучше обратиться.

Адвокат оказался представительным пожилым мужчиной с хорошими манерами и приятным голосом. Он согласился принять Ольгу и проконсультировать ее.

— Вам нужен хороший специалист

или деловой человек? — спросил он без обиняков.

Ольга подавленно молчала, она не могла заставить себя вслух произнести то, о чем все время думала. Даже мысли эти она старалась гнать от себя, но они все время возвращались.

— Понятно, — улыбнулся старый адвокат. — Вы не уверены в невиновности вашего друга?

Она слабо кивнула.

— Тогда вам нужен тот, кто может развалить дело. Я правильно вас понял?

Ольга снова кивнула, испытывая неимоверный стыд. Сомнения в невиновности Георгия грызли ее все сильнее, и от этого она становилась неприятна сама себе.

Старый адвокат полистал записную книжку и продиктовал ей имя и номер телефона.

— Я думаю, это то, что вам нужно. Поговорите с ним, он занимается адвокат-

ской практикой недавно и может показаться вам не очень опытным, но дело в том, что раньше он работал в милиции и отлично знает, какие прорехи бывают у следствия.

— Спасибо, — поблагодарила его Ольга. — Можно я от вас позвоню ему? Не хочется терять время.

Ей повезло, она дозвонилась с первого же раза, и невидимый человек с высоким мальчишеским голосом согласился встретиться.

Ехать пришлось на другой конец Москвы, но Ольга не замечала дороги, все мысли ее вертелись вокруг Георгия. Зачем она ввязалась в этот роман? Почему не подумала о том, что Михаил может узнать и для него это будет огромным ударом? Как получилось, что минуты нежных романтических свиданий смогли перечеркнуть все то, что связывало ее с мужем?

Дверь ей открыл молодой человек со-

вершенно несерьезного вида. Волосы его были мокрыми, капли воды блестели на загорелых руках. Видно, он только что принимал душ. Поймав ее взгляд, он весело улыбнулся.

— Единственный способ борьбы с жарой в условиях квартиры — это принимать душ и не вытираться. Хватает минут на сорок. Не пробовали?

— Нет. — Она не удержалась и тоже улыбнулась в ответ.

— Проходите, пожалуйста. Ольга Васильевна, я не ошибся?

— Не ошиблись. А вы — Анатолий Леонидович?

— Он самый. Присаживайтесь, рассказывайте, что у вас случилось.

Ольга сильно волновалась, но старалась изо всех сил, чтобы рассказ получился связным и понятным. Анатолий слушал, как ей казалось, невнимательно, смотрел куда-то в сторону и ничего не записывал. Он ей уже не нравился, казался ненадеж-

ным и слишком малоопытным, слишком молодым и легкомысленным, но, с другой стороны, его рекомендовал такой солидный человек...

— Я понял вас, — Анатолий прервал ее на полуслове. — Дальше можете не рассказывать. Пока. Скажите-ка мне, только честно: ваш Дударев — убийца? Это он убил жену?

Ольга запнулась. Теперь Анатолий смотрел на нее внимательно и не отрываясь. Она поняла, что хочет того или нет, а отвечать придется.

— Я не знаю, — с трудом выдавила она. — Он говорит, что не убивал.

— А вы ему верите?

— Я не знаю. Иногда мне кажется, что верю, иногда — нет. Я не знаю. Но я должна ему помочь, понимаете? Я должна сделать все, чтобы его не посадили.

— А что будет, если его все-таки посадят? Вы не переживете разлуки с ним? — спросил Анатолий.

— Переживу. Но его не должны посадить. Он на меня надеется, и я не могу его подвести. У него в Москве нет никого, кроме меня, на кого он мог бы положиться.

— Знаете, — Анатолий снова улыбнулся, на этот раз вовсе не по-мальчишески, а как-то очень серьезно, — у меня есть твердое убеждение, что женская интуиция — лучший источник знания. Если вы сомневаетесь в невиновности вашего возлюбленного, то скорее всего он действительно преступник. Сомнения в любящую душу закрадываются не по пустякам, а только тогда, когда к этому есть серьезные основания. Поэтому давайте исходить из того, что вашего Дударева есть за что посадить, а наша с вами задача этого не допустить. Сделать это очень просто, если вы мне поможете.

— Как? — встрепенулась Ольга.

Она никак не ожидала такого ответа, она готовилась услышать слова о том, что

защитить Георгия будет трудно, почти невозможно.

— У нас с вами есть два пути, Ольга Васильевна. И идти мы будем обоими одновременно. Какой главный аргумент у следствия? Мотив. У Дударева был мотив для убийства жены. Она завела серьезный роман и намеревалась расторгнуть брак, оставив вашего друга у разбитого корыта, поскольку вся недвижимость принадлежит ей, а у него даже жилья своего в Москве нет. В этой логической посылке мы видим два звена. Первое звено — вопросы собственности — мы оспорить никак не можем, поскольку они закреплены официально. Второе звено — наличие у покойной жены любовника и намерений развестись и вступить в новый брак — можно подвергнуть сомнению. Это не может быть зарегистрировано официально ни в каком виде, это существует только на словах, то есть в показаниях свидетелей. А такие вещи всегда можно опровергнуть.

И если нам с вами удастся это сделать, то окажется, что браку ничто не угрожало. Таким образом, исчезнет мотив для убийства. И это будет наш с вами первый путь. Согласны?

— Согласна, — быстро ответила Ольга, радуясь, что адвокат без лишних слов приступил к делу и уже придумал, как и что нужно делать. Нет, пожалуй, он не такой уж неопытный и легкомысленный, как ей показалось вначале. — А какой второй путь?

— Второй путь может показаться вам куда менее приятным, но его тоже необходимо будет пройти, если вы хотите попытаться спасти своего друга. Мы с вами докажем, что ваш муж давно знал о вашей измене, более того, он точно знал, с кем именно вы ему изменяете.

— Но это же неправда, — возмутилась она. — Он ничего не знал до тех пор, пока я сама ему не сказала.

— Ну мало ли что неправда! А нам с

вами нужно, чтобы это оказалось правдой. И мы этого добьемся.

— Зачем? Что вам это даст?

— Очень многое, дорогая Ольга Васильевна. Как вы думаете, почему ваш муж вынужден был отдать дело другому следователю? Из личных побуждений? Да ничего подобного. Закон требует. В законе четко прописано, что человек, ведущий предварительное расследование, не должен находиться в каких бы то ни было отношениях с подследственным. Ни в родственных, ни в приятельских. А уж тем более не в таких пикантных, как оказался ваш супруг. Следствие должно быть беспристрастным, а какое же может быть беспристрастие, если следователь — обманутый муж, а подследственный — счастливый соперник? В этих случаях следователь обязан заявить самоотвод, что ваш муж и сделал. Но до этого момента он целые сутки работал по делу, собирал дока-

зательства, допрашивал свидетелей, выдвигал версии и их обосновывал. Мы с вами знаем, что он был при этом совершенно беспристрастен, поскольку не ведал, кто перед ним сидит. Но это знаем мы с вами и ваш муж. А все остальные должны думать, что это не так, что он с самого начала знал, как обстоит дело, и вел следствие неправомочно и, что самое главное, предвзято. У нас есть основания подозревать, что следователь Ермилов, зная о том, что муж потерпевшей Дударевой является любовником его жены Ольги Ермиловой, скрыл этот факт и вел следствие, имея намерение собрать или даже фальсифицировать доказательства вины Дударева, чтобы отомстить ему. Иными словами, мы можем подозревать следователя Ермилова в обвинительном уклоне. Вам понятно то, что я сказал?

— Не совсем, — призналась Ольга. — Какое отношение это имеет к обвинению

Георгия? Как это может помочь доказать, что он не убивал?

— Отношение самое прямое. Мы подвергаем сомнению материалы предварительного расследования. Если в суде выяснится, что огромная часть доказательств собрана неправомочно, дело направят на дополнительное расследование. То есть вернут обратно следователям. Времени пройдет много, пока это случится, и собрать заново свидетельские показания точно в том же виде, в каком это успел сделать ваш муж, уже никому не удастся. Кто-то уедет, кто-то что-то забудет, что-то обдумает и преподнесет в совершенно другом виде. Ну и мы, со своей стороны, этому процессу поспособствуем, идя по первому из намеченных путей.

— Значит, нужно ждать до суда? — испуганно спросила она. — Неужели ничего нельзя сделать, чтобы все прекратилось прямо сейчас?

— Дорогая Ольга Васильевна, вы тре-

буете от меня невозможного. Дело уже возбуждено, следствие уже идет, ваш Георгий уже числится подозреваемым, и остановить это не может никто и ничто, кроме человека, который придет в милицию и напишет явку с повинной, признавшись в совершении преступления. Как я понимаю, такой человек вряд ли существует в природе. Если бы вы сказали мне, что убийство госпожи Дударевой совершил не ее муж, а кто-то третий, и вы точно знаете, кто он или хотя бы из каких побуждений он это сделал, я бы действовал по-другому. Тогда моя задача была бы в том, чтобы доказать, что ваш друг убийства не совершал, и не допустить осуждения невиновного. А поскольку преступление совершил все-таки Дударев, то моя задача — не дать осудить конкретно Дударева, иными словами — развалить дело. Я не могу оспаривать его виновность, я могу только поставить под сомнение материалы следствия и приложить макси-

мум усилий, чтобы повторное следствие не смогло собрать доказательств его вины. Так что решайте, будем мы с вами вместе работать или нет. Выбор за вами.

Выбор... Как будто у нее есть выбор! Она и этого-то адвоката с трудом нашла, нет у нее связей и знакомств в юридическом мире. И хоть не нравится ей то, что предлагает этот молоденький Анатолий Леонидович, умом она понимает, что это правильно. Только через какое унижение и позор придется пройти, публично доказывая в суде, что Михаил давно знал о ее измене! Она не только вынесет на всеобщее обсуждение семейное грязное белье, но и навредит служебной карьере мужа. Он ведь не знал ничего, а она будет стараться его оболгать. Ему-то за что такое испытание? Он-то чем провинился? Она сама — ладно, она сама виновата, за это и будет наказана, да что там будет — уже наказана, но Михаил...

— Знаете, — неуверенно начала Оль-

га, — я бы не хотела вредить мужу. У него будут неприятности по службе, если все будут думать, что он с самого начала знал про Георгия, но не отказался от дела?

— Да что вы, — рассмеялся Анатолий, — никаких неприятностей. Во-первых, все отнесутся к этому с пониманием и будут во всем обвинять подлеца-адвоката и перестраховщиков-судей, а вовсе не вашего мужа. Милиция вообще не жалует адвокатуру и суд и готова свалить на них все смертные грехи. Во-вторых, ситуация по-житейски очень понятная и, кроме сочувствия, ничего не вызовет. В-третьих, следователи на дороге не валяются, а особенно такие, как ваш супруг, с многолетним стажем работы. Чтобы такого уволить или вообще хоть как-то помешать его карьере, нужно знаете сколько всего? Куча. За него будут руками и ногами держаться, только чтобы продолжал работать. И простые человеческие чувства в форме банальной ревности ему наверняка простят.

Но закон — это не сослуживцы, он к таким сантиментам не приспособлен. Так что собранные вашим супругом материалы будут считаться недействительными, опороченными, а этого нам с вами и надо.

Ольга чувствовала, как сердце ее разрывается. Надо спасать Георгия, это обсуждению не подлежит, но такой ли ценой? Быстрого решения не получалось.

— Я должна подумать, — сказала она. — Можно?

— Ну конечно. Думайте. Надумаете — звоните, начнем работать.

Он проводил ее до двери и, судя по быстро удаляющимся шагам, снова побежал принимать душ. Ольга побрела к метро, пытаясь собраться с мыслями. Двое мужчин — муж и любовник. Один нуждается в помощи, другой в ней не нуждается. Казалось бы, все просто. Но приходится защищать одного, нанося вред другому. Защищать мужа — означает не спасти Георгия. Защищать Георгия — подставить

Михаила. Кому отдать предпочтение? Неизвестно. Конечно, можно было бы вести расчет исходя из любви. Муж от нее отвернулся, во всяком случае сейчас, и неизвестно, собирается он ее прощать или нет. Георгий бросился к ней за помощью, но он такой... Чужой. Отстраненный. Он стал грубым и жестким. И он, кажется, убийца. Она не сможет больше относиться к нему с той же теплотой и нежностью, как раньше. Но она не может не помочь мужчине, которого любила, а может быть, и до сих пор любит, если он попросил ее о помощи. Но ведь Михаил тоже ее любил, а может быть, и до сих пор любит. И он ничем не заслужил то, что она собирается на него обрушить. Хотя Михаил такой сильный, уверенный в себе, у него есть жилье, есть работа, есть будущее, а у Георгия нет ничего, ни работы, ни будущего. Ну что это за жизнь, пусть и в роскошной квартире или в просторном загородном доме, но без дела, без жены, без

детей. Он остался богатым вдовцом, но ведь он так одинок, и сама Ольга собирается его бросить.

Как все запуталось! И как трудно принять верное решение. Она села на скамейку, не дойдя до метро, вытащила сигареты, закурила. Обычно она курила совсем мало, даже не каждый день, но после того, как все случилось, выкуривала по полторы пачки в сутки. Именно в сутки, а не в день, потому что почти не спала.

Что двигало ею, когда она давала себе слово помочь Георгию во что бы то ни стало, хотя и решила прекратить любовные отношения с ним? Ею двигало понимание того, что нельзя обмануть доверие, нельзя обмануть надежду, которая на тебя возлагается. Георгий ей верит и на нее надеется. Михаил ей все равно больше не верит и ни в чем на нее не надеется. Так что мужа она не обманет. Вот и решение.

Она выбросила окурок и вошла в вестибюль метро. Найдя автомат, вставила

телефонную карту и, глядя в зажатый в руке листок бумаги, набрала номер. Когда сняли трубку, она сказала:

— Это Ольга Васильевна. Я согласна.

Глава 5

Субботние походы в попытках устроиться на работу успеха тоже не принесли. Настя честно отработала около десятка фирм, мысленно благодаря мужа, который заставил-таки ее взять машину, и к трем часам помчалась на Плющиху в Хамовнический загс. Она очень старалась не опоздать и приехала без двух минут три. Селуянов в светлом легком костюме беззаботно покуривал на улице перед дверью, а Валентина в роскошном свадебном платье нервно прохаживалась взад-вперед, оглядывалась и кусала губы. Увидев Настю, она бросилась к ней.

— Ну слава богу, наконец-то!

— Вот дурочка, — добродушно бросил

Николай, — и чего ты волновалась? Я же тебе сто раз говорил, что наша Ася никогда никуда не опаздывает.

— Да я не этого боялась. А вдруг с ней что-то случилось, а мы тут жениться собираемся.

— Ничего с ней не случилось, жива-здорова. Зови свою подружку, и пойдем.

Настя честно отстояла торжественную церемонию и расписалась в качестве свидетеля со стороны жениха, вспоминая, как сама три года назад выходила замуж. И чем все это кончилось. В тот самый момент, когда они с Алексеем ставили свои подписи в регистрационной книге, в том загсе убили невесту. И весь ее «свадебный» отпуск прошел в поисках таинственного убийцы. Конечно, в конце концов они его вычислили и нашли, но слишком поздно...

Когда молодые вместе со свидетелями и гостями вышли на улицу, Селуянов во весь голос заявил:

— Прежде чем свадебный кортеж двинется к накрытому столу, предлагается двадцатиминутный перекур на свежем воздухе.

Гости, собравшиеся к половине третьего и добросовестно ожидавшие церемонии в холле, где курить было запрещено, радостно защелкали зажигалками. Родители невесты тут же призвали дочь к себе и о чем-то оживленно заговорили с ней, а Селуянов поманил Настю в сторонку.

— Ну что у тебя? — спросил он вполголоса.

— Пусто — пусто, как в домино. А у тебя?

— Похоронили мы Елену Петровну, — деловито сообщил Николай. — Коротков оказался прав, к часу дня все закончилось, он меня сменил и поехал надзирать за поминками.

— А контакты Дударева?

— Отследили. Во-первых, трое его ар-

мейских друзей, во-вторых, у Дударева какие-то подозрительно тесные связи с сотрудниками фирмы, которую возглавляла его убиенная супруга. Знаешь, у меня возникла бредовая идея, что в ее смерти был заинтересован не только Дударев, который хотел остаться богатым вдовцом, но и работники фирмы. И это была их совместная акция. Две заинтересованные стороны договорились и устранили третью, которая обеим сторонам мешала.

— Может быть, — задумчиво кивнула Настя. — Тогда понятно, почему мы не заметили тот контакт Дударева, при котором он должен был предупредить сообщника. Сообщники находятся в «Турелле», а с ними он общался неоднократно по телефону и даже пару раз ездил туда.

— Якобы решать вопрос с организацией похорон и поминок, — добавил Николай.

— Якобы. Любопытно... Надо Гмыре

сказать, пусть подумает в этом направлении.

— Коля! — раздался звонкий голосок Валентины. — Народ уже обкурился весь и хочет застолья.

— Все, Ася, поехали, — Николай решительно взял Настю за плечо.

— Коленька, давай я попозже подъеду, ладно? Я бы еще две-три фирмы объехала, пока они не закрылись.

— Валяй, — кивнул Селуянов. — Адрес помнишь?

— Конечно, — засмеялась она. — Я же у тебя много раз была.

— Только не поздно, — попросил он. — Постараешься?

— Как только закроется последняя контора, я вся твоя.

Она уже садилась в машину, когда услышала голос Селуянова:

— Эй, профессора своего не забудь привезти!

Настя снова начала походы по органи-

зациям, указанным в списке. «Нет, для вашего мужа, к сожалению, у нас ничего нет... Нет, референты нам не нужны... Мы рассмотрим ваше предложение...»

— Ой, это как раз то, что нам нужно, — горячо заговорила женщина, к которой направили Настю в очередной фирме, — мы никак не можем найти подходящего начальника охраны. У нас же склады огромные, и нам нужен человек, который знает, как расставлять посты, куда ставить сигнализацию и все такое. Вашему мужу это подошло бы?

— Разумеется, — Настя изобразила радость, впрочем, почти не наигранную. Неужели нашла? — Просто удивительно, что у вас проблемы с такими сотрудниками. Я обошла уже два десятка фирм, и нигде не нужны бывшие военные. Я уж ни на что и не надеялась... Знаете, мой муж тоже ездит повсюду, ищет место, так он говорит, что такие, как он, в каждую фирму по три раза в день приходят.

— Может быть, куда-то и приходят, только не к нам, — женщина вздохнула. — Военные отчего-то сторонятся торговых фирм, им, наверное, кажется, что торговать — стыдно. Во всяком случае, к нам они не заходят.

— Ну что ж, значит, мне повезло, — Настя улыбнулась. — Хотя именно в вашей фирме я действительно ни на что не надеялась. То есть надеялась, что, может быть, у вас найдется работа для меня, но уж для мужа — точно нет.

— Да почему же?

— Дело в том, что здесь, в Москве, много ребят из нашего гарнизона, мы все время перезваниваемся, обсуждаем, кто нашел работу, кто — нет. И вот как раз вчера один из сослуживцев мужа сказал, что был в вашей фирме и ему отказали.

— Не может быть! — уверенно откликнулась женщина. — Я всю неделю работала, никакой военный ко мне не приходил.

Может быть, он перепутал название, он не у нас был?

— Нет, название точное и адрес тоже. Может быть, он не с вами разговаривал?

— А с кем же еще? Хотя, впрочем... Погодите-ка! Я сейчас проверю, если эта вертихвостка опять все перепутала, я ей уши надеру.

Она стала набирать номер телефона.

— Есть у нас такая свистушка, которая обожает строить из себя жутко информированную, дает всем подряд справки по всем вопросам, даже если не знает толком, вместо того чтобы отправить к компетентному сотруднику. Алло, Алена? А где Галя? Позови-ка ее. Галя, в последние дни военные не обращались насчет работы? Нет? Точно? Я имею в виду бывшие армейские. Ты же знаешь, нам нужен начальник охраны. Не было? Ну ладно.

Она положила трубку и недоуменно взглянула на Настю.

— Ваш знакомый что-то перепутал, он был явно не у нас.

— Да ладно, какое это имеет значение, — Настя беззаботно махнула рукой. — Может, и перепутал. Главное, что я работу для мужа нашла. А сколько вы платите?

Она задала еще несколько вопросов, чтобы продемонстрировать заинтересованность, спросила, когда муж может приехать для собеседования, поблагодарила и откланялась. Все. Можно ехать к Селуянову.

Выйдя на улицу, она нашла автомат и позвонила домой.

— Лешик, что у нас с подарком?

— Купил. А ты где, собственно говоря?

— У черта на рогах где-то в Чертанове, но я уже освободилась. Какие будут указания?

— Я вот думаю, может быть, тебе заехать домой оставить машину, — предложил Чистяков. — И вместе поедем к Коле.

— А зачем? — глупо спросила она.

— Ну как зачем? Ты что, на свадьбе друга ни грамма не выпьешь? Ты же нормальная. И я выпью. А как потом машину вести?

— И то верно. Я как-то не подумала. Давай я не буду пить, я же не любитель этого дела, а тут и повод есть. В такую жару пить — это самоубийство.

— Ты права. Говори, куда мне подъехать.

— Двигай на «Площадь Революции». Я буду ждать на парковке у Манежа.

Повесив трубку, Настя тут же вновь набрала номер. Она звонила следователю Гмыре.

— Борис Витальевич, я нашла фирму, куда Дударев приходил не по поводу работы. Да, ее отрабатывал Зарубин, и ему сказали, что он интересовался работой. А мне только что заявили, что никакой военный устраиваться на работу в ближайшие дни к ним не приходил.

Она продиктовала название фирмы и адрес. Вот теперь действительно все. Можно отдыхать.

* * *

В жаркие дни это случается со многими: человек не выдерживает и пьет ледяную воду или, что еще хуже, ледяное молоко из холодильника. И в результате получает ангину. Именно это и произошло с Артемом Кипиани. К вечеру температура поднялась до 38,8, а горло болело так, словно в него запихнули рулон наждачной бумаги, пропитанной перцем. Пришедшему с утра пораньше Денису Екатерина оставила подробнейшие указания, какие таблетки и когда давать, из чего готовить полоскания, не выходить на улицу, не устраивать сквозняк и желательно не разрешать Артему вставать, поскольку ангина с температурой может дать осложнение на сердце. Мать без колебания оставила сына на попечение товарища, ибо

была абсолютно уверена: ответственный и обязательный Денис ни на йоту не отступит от указаний и сделает все в лучшем виде. За три года их дружбы она сумела убедиться в этом неоднократно.

Как только за родителями закрылась дверь, Артем тут же откинул одеяло и спустил ноги на пол.

— Куда ты? Тетя Катя сказала, что тебе вставать нельзя, — всполошился Денис.

— Подумаешь! Я отлично себя чувствую.

— У тебя температура.

— Ну и что? Я не могу лежать все время как бревно. Давай заниматься. Что мы сегодня будем пробовать?

Денис решил не спорить. Конечно, было бы лучше, если бы Артем был совершенно беспомощным и лежал в постели, а он, Денис, мог бы за ним преданно ухаживать, и тогда Артем понял бы, что его товарищ незаменим. Но предложение позаниматься его тоже устроило, ибо пред-

полагалось, что заниматься они будут именно тем, чему научил Артема сам Денис. Вот уже три дня они беспрерывно экспериментировали сами с собой, сначала выполняя те ключевые идеомоторные упражнения, которые показал очкарик Вадим, а потом стали пробовать самые разные движения, чтобы лишний раз убедиться в собственном могуществе. Стоит только приказать любой части тела и расслабиться, и она покорно выполнит приказ. Это приводило юношей в неописуемый восторг и пробуждало жажду пробовать еще и еще.

— Давай попробуем ноги поднимать. А вдруг получится? — предложил Денис.

Они улеглись на пол и занялись упражнениями. С ногами пока получалось плохо, и Артем вскоре устал. Давала себя знать температура, хоть он и бодрился, стараясь казаться здоровым. Денис уложил его в постель и присел рядом в кресло.

— Хочешь, я тебе почитаю?

— Не надо. Давай лучше помолчим, — попросил Артем.

Денис снова напрягся. Неужели опять начинается? Выходит, интересных фокусов, показанных случайным знакомым, хватило ненадолго, и Артем вновь стремится уйти от него в свои мысли. Денис надулся и взял книжку. Ну и ладно, он сам почитает.

— Суть не в зрении, а в надежде, — тихо проговорил Артем. — Правда, здорово? Только это не про меня.

— Почему?

— Мне не на что надеяться. Даже если я не ослепну полностью, лучше, чем сейчас, все равно не будет. Надеются обычно на чудо, на то, что что-то само по себе сделается или кто-то для тебя это сделает. А мне нужно упорно работать и радоваться каждому прожитому дню, радоваться, что я еще хоть немного вижу и прожил этот день не в полной темноте. Есть такие компьютеры, которые сами записывают

ноты, если их подсоединить к инструменту. Ты играешь, а он записывает. Мне нужен такой компьютер, я буду писать музыку.

— Я думал, ты хочешь быть пианистом, — сказал Денис удивленно.

— Ну что ты, какой из меня пианист? Ты сам подумай. Я, конечно, хорошо играю, но ты же не можешь всю жизнь сидеть около меня и разбирать со мной ноты.

«Я буду, буду сидеть около тебя! — хотелось крикнуть Денису. — Я готов сидеть с тобой день и ночь и помогать тебе. Ну почему ты не хочешь этого?»

— Это займет массу времени, — продолжал Артем. — Только на то, чтобы выучить партитуру, уйдут месяцы, я ведь не смогу читать ее с листа. Зато я настолько хорошо владею роялем, что могу сыграть из головы все, что угодно. Папа говорит, что экспромты у меня получаются неплохо. Если я буду много заниматься, то смо-

гу, наверное, стать композитором, как ты думаешь?

«А я? — мысленно спросил Денис. — А как же я? Ты будешь пользоваться компьютером, и я больше не буду тебе нужен».

— Чтобы стать композитором, надо учиться в консерватории, — авторитетно заявил он, стараясь, чтобы голос звучал уверенно и непререкаемо. — Ты же не сможешь там учиться.

— Смогу.

— Так же, как в школе? — с надеждой спросил Денис.

— Вряд ли. Ты ведь не сможешь мне помогать, так что придется приспосабливаться как-то по-другому.

— Почему это я не смогу помогать? Думаешь, я тупой совсем? Я тебе все время помогал, даже когда ты на класс старше учился. Я же справлялся с твоей программой.

— Да не в этом дело, Дениска, — мягко сказал Артем, и Дениса покоробило это уменьшительное имя. — Ты не можешь постоянно быть рядом со мной.

— Почему это? Я смогу, вот увидишь.

— Нет. У тебя должна быть своя жизнь и своя работа. Ты не можешь быть нянькой при мне. И не должен.

— Скажи сразу, что я тебе надоел, — вспыхнул Денис. — Ты что, хочешь от меня отделаться?

Артем привстал в постели и закрутил головой, стараясь поймать товарища в фокус.

— Зачем ты так говоришь? — с упреком сказал он. — Ты мой друг, самый близкий и единственный. Но скоро все будет по-другому. В сентябре ты снова пойдешь в школу, а я уже нет. До сентября мы с тобой еще вместе, а потом нам придется начинать жить отдельно друг от друга, понимаешь? Пройдет еще год-два,

и у тебя появится девушка, тебе понадобится много свободного времени, чтобы с ней встречаться. Тебе нужно будет где-то учиться, чтобы получить профессию. Тебе нужно будет жениться и заниматься своей семьей. Ты, наверное, пока еще этого не понимаешь, но так обязательно будет. И я превращусь для тебя в обузу.

— Никогда! — горячо заговорил Денис. — И думать так не смей. Не нужна мне никакая девушка, и семья мне не нужна. Ты никогда не будешь мне обузой, я всегда с радостью...

— Хватит об этом, — прервал его Артем. — Жизнь такова, какова она есть. Лучше скажи, тебе не попадались диски или кассеты с песнями Ирины Астапкиной?

«Ну вот, — удрученно подумал Денис, — снова Астапкина. Сейчас он и про Каменскую вспомнит. Ничего не помогает, он отдаляется от меня, он думает, что

может без меня обойтись. Как же его убедить?»

— Нет, — буркнул он, — я про такую певицу вообще не слышал.

— Я бы хотел послушать ее песни. Ты не мог бы сходить поискать, а? Может, ее записи где-нибудь продаются.

— Да нет их нигде, я даже имени такого не слышал.

— Не может быть, — упрямо покачал головой Артем. — Я позвоню Каменской и спрошу у нее, она наверняка знает, где можно послушать эти песни. Или хотя бы стихи почитать. Каменская ведь оставляла свой телефон, вот я и позвоню ей.

Денис запаниковал. Как это так — звонить Каменской? Он-то надеялся, что Артем уже выбросил ее из головы, а он, оказывается, все еще думает о ней.

— Это неудобно, — решительно сказал он. — Человек на такой ответственной работе, а ты по пустякам беспокоишь. Она рассердится.

— Она не рассердится. — Артем мечтательно улыбнулся. — У нее такой голос... Необыкновенный. И сама она необыкновенная. Я ее не видел толком, но я чувствую, что она не такая, как все милиционеры. Знаешь, на что похож ее голос?

— Голос как голос, — проворчал Денис, внутренне холодея.

Ну вот, началось, так он и знал. Артем вспомнил про Каменскую и готов разговаривать о ней часами. И что он в ней нашел? Старая тетка, родителям ровесница.

— Ее голос похож на «Лунный свет» Дебюсси. Помнишь, я в прошлом году часто его играл.

— Ничего общего, — громко заявил Денис.

— Ну как же ты не понимаешь, в «Лунном свете» нет ничего яркого, громкого, ни одного оформленного образа, все как будто приглушено и вот-вот растает. И голос у Каменской точно такой же. Будь

добр, поищи на моем столе бумажку с ее телефоном, она где-то там должна лежать.

Нет, этого Денис допустить уже не мог. Артем не должен разговаривать с Каменской, он вообще не должен заводить какие бы то ни было отношения помимо Дениса и за его спиной.

— Да ладно, чего там, — как можно небрежнее сказал он, — она действительно занятой человек, зачем дергать ее по пустякам. Я схожу и поищу записи Астапкиной, если тебе уж так хочется.

— Сходи, — кивнул Артем. — И дай мне какую-нибудь таблетку от температуры, а то меня опять знобит.

Денис заботливо принес растворенный в горячей воде порошок, оставленный Екатериной, и дал выпить другу.

— Ты поспи, пока меня не будет, ладно?

— Ладно. Мне правда что-то спать хочется.

Артем завернулся в одеяло, а Денис

посидел в кресле некоторое время, пока товарищ не уснул. Убедившись, что Артем дышит ровно и спокойно, он собрался уходить. Взгляд его упал на красный шарик, лежавший на письменном столе. Вот что надо сделать. Правильно. И тогда Артем поймет, что Денис может даже то, чего не смогла сделать Каменская. Денис докажет, что он умнее, сильнее и лучше этой тетки из милиции, которая, может быть, сама того не желая, стала вытеснять его из мыслей и сердца Артема.

С самого детства Денис Баженов знал, что мать его не любит. Вернее, как-то посвоему она, наверное, его любила, но такая любовь его не устраивала. Он постоянно чувствовал, да и не только чувствовал — знал точно, что он ей мешает. Алевтине было семнадцать, когда появился на свет ее сын, и ей, разумеется, было не до пеленок и детских кашек. К двадцати годам алкогольно-разгульный образ ее жизни

уже сложился прочно, в двадцать два она родила еще одного ребенка, в двадцать пять — третьего. Второй и третий ребенок были ее слабыми попытками удержать возле себя мужчин и обрести наконец семейный очаг. Однако мужчины все равно ее бросали, а дети родились больными. И тогда Алевтина, сдав больных детей на попечение сердобольного государства, пустилась во все тяжкие, сочтя, что Дениска уже достаточно большой и ухода не требует, а когда нужно — с пониманием отнесется и пойдет погулять или поиграть к товарищу.

Денис, несмотря на юный возраст, принял вполне взрослое решение «сделать себя сам», старательно учился, а поскольку готовить уроки зачастую было негде, торчал допоздна в школе — то в библиотеке, то в группе продленного дня, куда его всегда пускали, а то и просто в пустом классе, на что школьные уборщи-

цы смотрели сквозь пальцы. Учителя знали о его семейной ситуации и сочувствовали, хотя реально ничем помочь не могли. Именно поэтому завуч и назвала его имя, когда к ней обратился отец Артема.

Денис принял предложение помочь Артему с энтузиазмом. Во-первых, это хоть какие-то карманные деньги, которых у матери никогда не допросишься, она последнюю копейку готова была истратить на выпивку и закуску для своей компании. Во-вторых, это возможность заниматься не в классе, где галдят оставленные на продленку малыши, а в нормальных условиях. В-третьих, ему предоставлялась возможность заниматься по программе старшего класса, и Денису это казалось существенным. Он ведь стремится быть отличником. А то, что было в-четвертых, как-то незаметно, но очень быстро стало главным, единственным и определяющим. Он видел, что его любят, и знал, что он нужен. Без него невозможно обойтись.

Артем без него скучает. Артем без него практически беспомощен. Артем нуждается в нем, как нуждаются в нем тетя Катя и дядя Тенгиз. Его балуют. Его берегут. Его лечат, когда он простужается. Его не забывают (в отличие от пьяницы матери) поздравить с днем рождения и подарки дарят не лишь бы какие, а выбранные любовно и с учетом его вкусов и интересов. Здесь, в семье Кипиани, он обрел свой дом, вторых родителей и старшего брата. И в этом доме он не жалкий приживалка, а человек, без которого не могут обойтись. Ощущение собственной важности и нужности радовало Дениса. Оно делало его счастливым.

И вдруг это ощущение собираются у него отобрать.

Душа его болела под наплывом неведомого ранее острого, раздирающего чувства. Он еще не знал, что у этого чувства есть очень простое название: ревность.

* * *

— Не все пристойно в Датском королевстве, — изрек следователь Гмыря. — А уж в фирме «Турелла» — тем более.

Туристическое агентство «Турелла» было закрытым акционерным обществом. Пайщики числом восемь (они же сотрудники фирмы) на собрании акционеров избрали совет директоров. Генеральным директором стала Елена Петровна Тумакова, впоследствии сменившая фамилию на Дудареву в связи с замужеством. Ей же принадлежал и контрольный пакет акций. Дивиденды по акциям начислялись в соответствии с полученной прибылью, а прибыль, как всем понятно, исчислялась исходя из финансовых документов. Однако с некоторого времени акционеры стали замечать, что уважаемая Елена Петровна, любящая поиграть в демократию и сама, лично, ведущая некоторых наиболее важных или престижных клиентов, увлекается черным налом и часть денег

по документам не проводит. А коль по финансовым отчетам проходят меньшие суммы, стало быть, и прибыль исчисляется меньшая, и доходы акционеров не таковы, какими должны были бы быть. Акционеры, естественно, таким положением вещей не могли остаться довольны. Елене Петровне дали понять, что маневры не остались незамеченными, на что она на голубом глазу объяснила, что ей нужны наличные в интересах самой же фирмы. Взятки пожарным, например, давать нужно? Нужно. А санэпидемслужбе? Тоже нужно. Осуществлять срочный ремонт путем вызова дяди Пети сантехника или Саши-электрика нужно? Нужно. Быстро съездить куда-нибудь по делам фирмы, когда служебная машина в разгоне и приходится брать такси. Покупать мелкие, а также не очень мелкие подарки для умасливания соответствующих сотрудников, от которых зависит бронирование билетов на нужный рейс или выдача ви-

зы, когда возникают проблемы, но нельзя потерять лицо перед важным клиентом. Она перечислила три десятка причин, по которым ей постоянно нужны наличные. Спорить с этим было трудно, причины были настоящими, не выдуманными, и акционеры это понимали, но вот проконтролировать, сколько из этого черного нала Елена Петровна тратит реально на дела фирмы, а сколько кладет себе в карман, было невозможно. Ропот поутих, и это прибавило госпоже Дударевой бодрости и энтузиазма. Она распоясалась вконец, господствовала в «Турелле» и потихоньку стала выживать самых строптивых. Люди терпели подолгу, ибо одним из уставных условий была принадлежность всего пакета акций только тем, кто работает в фирме. Если кто-то уходил, он обязан был продать свои акции «Турелле», чтобы они не ушли на сторону. Терять акции люди не хотели, но условия работы становились все более невыносимыми.

Елена Петровна буквально травила тех, кто наиболее громко протестовал против черного нала, борясь за свои доходы.

Россия — страна пока еще, к сожалению, диковатая, только опытные и грамотные финансисты умеют бороться с врагами экономическими методами, а огромное большинство людей, после совковой нищеты дорвавшееся до приличных денег, но не обретшее экономических и правовых знаний, пользуется старым доморощенным, но многократно проверенным способом. Понятно, каким. Если кто-то мешает тебе, от него нужно избавиться. Если нельзя избавиться, произнеся заветные слова «уйди, пожалуйста, будь любезен», то можно просто уничтожить. Убить, одним словом.

— Можно предположить, что в «Турелле» задумали убийство ненавистной Дударевой и мягко подсказали Георгию Николаевичу, что ежели супруга его «кинет» и потребует развода, то он останется

у разбитого корыта. Избавиться от Елены означало бы решить проблемы и мужа, и акционеров. На этой почве они и спелись, — высказался Селуянов, который, против ожидания, вовсе не выглядел помятым и похмельным. Вероятно, Валентина за два с половиной года знакомства окончательно отучила его напиваться в стельку и даже по случаю бракосочетания поблажки не дала.

— А как же акции? — спросил Сергей Зарубин. — Ведь если Дударев наследует покойной жене, то акции переходят к нему. Где гарантии, что он не воспользуется контрольным пакетом, чтобы навести на фирме свои порядки?

— Хороший вопрос, — кивнул Гмыря. — Постараемся на него ответить. Люди из «Туреллы» подъезжают к мужу Елены Петровны с предложением решить свои проблемы одним махом. Они устраивают ему знакомство с теми, кто возьмет на себя исполнение плана или поможет в его

осуществлении, при этом сводят Дударева с ними напрямую, сами оставаясь в стороне. И заключают джентльменское соглашение: Дударев гарантирует им возврат акций, в противном случае они подставляют его. Или ты нам акции, или мы тебя — милиции. Поэтому работаем в следующих направлениях. Первое: сам Дударев, наружку пока не снимаем. Второе: фирма «Турелла», разрабатываете всех сотрудников подряд с целью выявления неформальных контактов с Дударевым и неким третьим лицом. Третье: та контора, где ваша Каменская нашла прореху. Необходимо выяснить, к кому и зачем приходил Дударев и почему они солгали, что он приходил устраиваться на работу. Четвертое: ищем фигуранта неизвестной наружности, у которого есть какая-то призрачная запись какой-то призрачной музыки. Правда, у фигуранта есть еще и голос, который якобы может опознать этот слепой мальчик, но его опознание в суде

вряд ли пройдет, хотя для нас с вами это будет существенным подспорьем. Селуянов, я тебя поздравил или забыл?

— Забыли, Борис Витальевич. Но я не в обиде.

— Еще не хватало, — пробурчал Гмыря, — тебе ли на меня обижаться, тем более что я все-таки вспомнил. Ладно, Николай, прими поздравления и вперед с песнями.

Оперативники поднялись и направились к двери.

— Коля, — послышался голос Гмыри, — послушай-ка...

— Да, Борис Витальевич, — обернулся Селуянов.

— А что, ваша Каменская действительно сможет отличить эту призрачную запись от любой другой, исходя только из объяснений мальчика?

— Сможет, — твердо ответил Николай. — Даже не сомневайтесь.

Гмыря задумчиво почесал щеку и почему-то сказал:

— Черт-те что...

* * *

В воскресенье, на следующий день после свадьбы Селуянова, Настя вместе с Алексеем добросовестно объезжала места, где продаются компакт-диски и аудиокассеты. Она искала записи Шотландской симфонии Мендельсона. Классическая музыка нынче особой популярностью не пользуется, на уличных прилавках в огромных количествах лежали записи современной эстрады, как отечественной, так и зарубежной, классика там попадалась редко. Были, правда, места в Москве, где выбор записей симфонической музыки был более чем приличным, но главенствовали там Бах, Бетховен, Чайковский, Рахманинов, Шопен, а также диски с концертами Паваротти. Найти Мендельсона оказалось совсем непросто.

— Что мы ищем? — наконец не выдержал Чистяков. — То ты смотришь кассеты, то диски.

— А я сама не знаю, что это было, — призналась Настя. — Тот мальчик, который слышал музыку, не разглядел, какой был плейер. Так что это может быть с равным успехом и кассета, и диск.

Вернулись домой они с небогатым уловом. Шотландскую удалось отыскать только в одном варианте, это был компакт-диск, а исполнял ее оркестр Берлинской филармонии под управлением Джеймса Левайна. Правда, Настя при этом не отказала себе в удовольствии и накупила огромное количество дисков Паваротти и Шопена.

Дома она сразу же распечатала с трудом найденное приобретение и стала прослушивать. Она хорошо помнила, на какие фрагменты обратил ее внимание Артем, и напряженно вслушивалась в музыку, но с огорчением признала, что это, пожалуй,

не то. Конечно, нужно, чтобы послушал сам Артем, но скорее всего он подтвердит ее мнение. Жаль.

В понедельник прямо с утра Настя связалась с сотрудниками, которые с недавнего времени занимались борьбой с разного рода пиратством, как видео, так и аудио. Они предложили ей прийти самой и покопаться в кучах изъятых кассет, поскольку специалистов в симфонической музыке среди них нет и сказать навскидку, есть ли среди этих записей Мендельсон, вряд ли кто сможет. Потратив два часа на добросовестное перебирание кассет, Настя искомого не обнаружила. Она взяла лист бумаги и написала синим фломастером крупными буквами: «Феликс Мендельсон-Бартольди. Шотландская симфония».

— Куда вам это приколоть? — спросила она.

— Куда-нибудь на видное место приткни, — сказали ей. — Чтобы в глаза бро-

салось, а то забудем. Если появится, мы тебе свистнем.

Пришлось удовлетвориться обещаниями.

* * *

Жара, духота и палящее солнце обрушились на вышедшего из прохладного подъезда Дениса с такой силой, что у него чуть в глазах не потемнело. Все-таки в квартире было намного комфортнее, и, когда он рано утром бежал из дома к Артему, он даже не предполагал, что к двенадцати дня на улице станет невозможно находиться. Первой трусливой мыслью было вернуться назад и объяснить Артему, что он никуда не поехал из-за жары и лучше съездит в другой раз, когда станет немного прохладнее. Но эту мысль Денис Баженов тут же отогнал от себя. Как это он вернется? Артем должен понимать, что Денис — его правая рука, его второе «я». Сам Артем наверняка не испугался бы

жары и поехал искать нужный ему диск. Значит, Денис должен поступать точно так же. Кроме того, есть опасность, что, если он не найдет запись и не привезет ее, Артем позвонит-таки Каменской, а это крайне нежелательно. Стало быть, надо ехать и нечего тут рассусоливать.

Ближайшим местом, где стояли прилавки с кассетами, было метро. Денис, демонстративно поигрывая красным шариком, подошел и поинтересовался записями Ирины Астапкиной. Продавец смурного вида даже глаз на него не поднял, буркнув себе под нос, что такого у них нет. Проехав одну остановку на метро, Денис вышел наверх и снова пошел к прилавку. Потом поехал на следующую станцию, и еще на одну, и еще... В принципе можно было бы сразу поехать в ДК имени Горбунова, в просторечье именуемый «Горбушкой», где можно достать все или почти все, а чего нет — можно заказать. Но это далеко, и, двигаясь в направлении

«Горбушки», Денис тем не менее выходил на всех промежуточных станциях в надежде найти нужную Артему запись. Он преследовал еще одну цель, именно поэтому думал не только об Астапкиной и ее песнях, но и о том, чтобы побывать в как можно большем числе мест. Он хотел, чтобы его заметили.

Денис уже отходил от очередного прилавка и двигался к спуску в тоннель метро, когда его окликнули.

— Эй, на минутку!

Он обернулся и увидел парня лет двадцати пяти, довольно хилого на вид, но с наглой мордой. Решив не церемониться, Денис откликнулся не особо вежливо:

— Что нужно?

— Ты запись какую-то ищешь? — спросил парень.

— Ищу.

— Какую?

— Ирина Астапкина. Слыхал о такой?

На лице у парня отразились какие-то непонятные Денису чувства.

— Астапкина... — медленно повторил парень. — Это редкая запись. Ее почти не спрашивают, поэтому мы на прилавок не выставляем. А ты что, выходит, интересуешься?

— Интересуюсь, — дерзко ответил Денис. — Где ее можно купить?

— Сейчас нигде. Был всего один тираж, очень маленький, в Германии сделан, знатоки разобрали понемножку, а поскольку спроса нет, то мы и не заказываем. Но если тебе очень надо, я достану, только выйдет чуть дороже. Ты как?

— Конечно, — загорелся Денис, — мне очень нужно. Я заплачу, сколько скажешь.

— Лады, — кивнул парень. — У меня есть знакомый, он в беду попал, совсем без денег остался и потихоньку распродает все имущество, чтобы с голоду не помереть. Любой копейке рад. У него есть

диск Астапкиной, я точно знаю. Он его продаст. Ты где живешь?

— На «Красных Воротах», а что?

— Давай вечером встретимся, я тебе диск привезу. Часов в одиннадцать, годится?

— Это поздно очень, — неуверенно ответил Денис. — А нельзя пораньше?

— Пораньше я не успею. Я здесь торгую до девяти вечера, потом сдаю товар, потом мне надо еще к этому знакомому съездить за диском, тоже не ближний свет, а потом к тебе на «Красные Ворота». Раньше одиннадцати никак не успею.

— Ладно. Говори, где тебя ждать и сколько денег надо.

— Стоить будет полтинник, потянешь?

— Пятьдесят тысяч? — уточнил на всякий случай Денис.

— Это по-старому, а по-новому просто пятьдесят рублей. Или тебе дорого?

— Нет-нет, я найду. А где?

— Знаешь за метро, чуть в глубине, двор?

— Знаю.

— Вот там и встретимся. Слушай, а что это за шарик ты все время крутишь?

Еще есть возможность отступить, еще есть путь назад или в обход опасного места. Можно сказать, что шарик ты полчаса назад нашел в вагоне метро. Или что вчера ты купил его в магазине...

— Так, пальцы разрабатываю.

— Зачем? Хочешь в цирке выступать?

— Нет, хочу стать пианистом. Ну ладно, до вечера.

— Пока, — рассеянно бросил торговец музыкой.

«А может быть, он так просто спросил, — размышлял Денис по дороге к дому, где жили Кипиани. — Нормальный интерес, я бы тоже спросил, если бы увидел человека, который так играет с шариком. И любой бы спросил. Этот парень даже не поинтересовался, как меня зовут

и где я живу. И потом, он же видел, что я — это я, а не Артем. Или Каменская права, и он действительно лица не запомнил, а одеты мы с Артемом очень похоже, белые майки, светлые шорты. Шорты у нас вообще одинаковые, тетя Катя нам вместе покупала».

Сердце его замирало и холодело от страха. Денис не был уверен, что поступает правильно, разум ему подсказывал, что за такой самодеятельностью могут последовать крупные неприятности. Но сердце говорило о другом. Он должен сделать что-нибудь такое, чтобы Артем понял: лучше Дениса никого нет. И никто не будет ему предан больше, чем Денис. И никто не будет любить его и уважать больше, чем Денис. И никто не станет заботиться о нем больше и лучше, чем Денис. Сердце говорило громко и требовательно, да что там говорило — кричало во весь голос, вопило, рыдало, заглушая спокойный, рассудительный голос разума.

«Я знаю, что надо сделать, — думал Денис, поднимаясь в квартиру, где его ждал больной Артем. — Я попрошу у Артема диктофон и запишу, как этот парень разговаривает. Артем послушает и скажет, он это или нет. А потом я сам позвоню Каменской и скажу, где этого парня можно найти. Раз он работает в торговой точке, значит, он там или каждый день, или через день. И тогда Каменская придет к Артему и скажет ему, какой я молодец. Вот именно, я сам ей позвоню. И сам ей все скажу».

* * *

— Да черт его знает, вроде по описанию похож, майка, шорты светлые, на вид лет семнадцать, как Костик и говорил. И шариком играл красненьким, сказал, что хочет быть пианистом.

— Где, говоришь, он живет?

— В районе «Красных Ворот».

— «Красные Ворота»... очень может

быть. Как раз там он и должен жить. Как ты с ним договорился?

— В одиннадцать в тихом месте.

— Молоток. Действуй.

— Витя...

— Да не волнуйся ты, у нас в стране каждый труд почетен и хорошо оплачивается. Не обижу.

Глава 6

Хозяин комнаты был мертв, пожалуй, уже около получаса. Наружный осмотр давал основания говорить о том, что скончался он в мучениях, хотя никаких следов истязаний или повреждений не было.

— Что ж вы «Скорую»-то не вызвали? — с упреком спросил молоденький милиционер у вызвавшей их пожилой соседки.

— Да вызывала я, вызывала, — заторопилась соседка, — только смотрю — час прошел, второй, а их все нету. Я к Косте-

то захожу, посмотреть хотела, как он там, а он уж и не дышит. Вот я и кинулась вам звонить.

— А у вас что же, ключи были от его двери?

— Нет, откуда? Он часа в четыре ко мне в квартиру позвонил, на ногах прямо еле стоит, говорит: «Тетя Клава, вызовите мне «Скорую», плохо мне, помираю». У него самого телефона-то нету. Я говорю, мол, сейчас позвоню, вызову, а ты иди к себе, ложись, да дверь не запирай, оставь открытой, чтобы войти можно было, а то вдруг сам открыть не сможешь. Он пошел к себе, а я, значит, позвонила и стала ждать. Врачей все нету и нету. Я к Косте раз зашла, другой, гляжу, ему все хуже и хуже делается, он уже глаза не открывает, белый весь, прям ужас какой-то, смотреть невозможно. А потом уж, на третий-то раз, я испугалась, что он помер совсем, и в милицию позвонила.

Милиция приехала сразу только бла-

годаря тому, что находилась на соседней улице. В пятницу после пяти вечера проехать по Москве было невозможно, все двигались за город, не желая оставаться на выходные в раскаленном городе и надеясь хоть на какое-нибудь облегчение среди деревьев и возле водоемов. Понятно, что «Скорая» приедет еще не скоро. Пробки всюду многочасовые, так что ничего удивительного, особенно если учесть, что к юношеской Олимпиаде городские власти судорожно кинулись приводить в порядок хотя бы основные трассы, как раз те самые, по которым москвичи двигались за город. Из-за ремонтных работ на широких дорогах оставались лишь узкие горловинки, в которые с трудом протискивались не умеющие двигаться по очереди автовладельцы, не желающие считаться с элементарными законами механики и пропускать друг друга.

Оглядев комнату, милиционеры переглянулись.

— То ли склад, то ли подпольное производство, — сказал один из них, показывая на множество коробок, часть из которых была пустой, другая же часть заполнена аудиокассетами.

— Скорее производство, смотри, сколько техники. И кассеты, судя по надписям, одинаковые, — ответил другой. — Саундтрек «Титаника». Ты чуешь, чем пахнет? Фильм только-только на экраны вышел, а у них уже саундтрек в немереных количествах. Наверняка пиратская запись.

Оба сошлись на том, что труп скорее всего не криминальный, поскольку исколотые донельзя руки и бедра покойного красноречиво свидетельствовали о его пристрастии к наркотикам. Однако коллег, занимающихся видео- и аудиопиратством, вызывать надо, тут, совершенно очевидно, их поле деятельности.

Вечером в понедельник сотрудник, сортировавший и составлявший опись кас-

сет, изъятых у скоропостижно скончавшегося Константина Вяткина, наткнулся на знакомые слова. Где-то он их уже видел, причем совсем недавно. Кассет было много, глаза устали, внимание рассеивалось, и он зажмурился и откинулся на спинку жесткого стула, чтобы отдохнуть. Потом покрутил головой в разные стороны, чтобы размять затекшие мышцы шеи, и скользнул глазами по прилепленной скотчем к стене бумажке, на которой толстым фломастером были выведены те самые слова. Феликс Мендельсон-Бартольди, Шотландская симфония. И ниже — номер телефона и фамилия человека, с которым нужно связаться.

— Я насчет Мендельсона, — невнятно произнес он в трубку, когда ему ответил женский голос.

— Да-да, я вас слушаю.

— Тут появилась кассета, если интересуетесь — заходите.

— Как долго вы еще пробудете на месте?

— Часа полтора как минимум.

— Спасибо, я обязательно зайду.

Нельзя сказать, чтобы сотрудник, сортировавший кассеты, был образцом исполнительности, и в иной ситуации он, может быть, и не стал бы звонить насчет кассеты. Но он ужасно устал, ему требовалась передышка, а в качестве таковой вполне подойдет выполнение чьей-то просьбы. И тебе полезно, и человеку приятно.

Он еще немного посидел с закрытыми глазами и, вздохнув, снова принялся за длинную бесконечную опись.

* * *

Когда Денис вернулся, Артем уже не спал. Он лежал в постели, закинув руки за голову, и мечтал о чем-то, судя по улыбке, приятном.

— Нашел запись? — сразу же спросил он, едва Денис вошел в комнату.

— Кажется, да. С парнем одним познакомился, он сказал, что знает, у кого есть эта запись, и вечером принесет.

— Правда? — обрадовался Артем. — Вот здорово.

— Как ты себя чувствуешь?

— Нормально.

— Сейчас будешь пить лекарство, — строго сказал Денис. — И горло полоскать. И температуру надо измерить.

— Да ну ее, Дениска, чего ее мерить? Я и так чувствую, что ее нет, — сопротивлялся Артем.

— Нет, — твердо сказал Денис, — тетя Катя сказала, что измерять надо с четырех до шести вечера, она придет с работы и спросит. Что я ей скажу?

Сердце его пело от радости. Он вновь безраздельно властвовал над другом, подавал ему лекарства и градусник, руководил им, проявлял строгость, всеми своими действиями демонстрируя собственную необходимость Артему. Он даже сумел

выполнить, казалось бы, невыполнимое: нашел для него редкий диск, которого уже давно нет в продаже. Но он нашел его, потому что так захотел Артем. Артем такой умный, такой взрослый, такой необыкновенный, талантливый, быть рядом с ним, дружить с ним, помогать ему — нет в жизни большего счастья.

Температура, конечно, была, но уже не такая высокая, как накануне. Подняв подушки и усадив Артема в постели поудобнее, Денис отправился на кухню разогревать еду. Артем встал к столу, но к концу обеда вновь почувствовал слабость и лег.

— Дай мне шарик, пожалуйста, — попросил он Дениса. — Пальцы немного разомну.

Шарик лежал у Дениса в кармане. Юноша не спеша отошел к столу, сделав вид, что ищет его среди книг и тетрадей, где он и лежал с утра, и пытаясь незаметно извлечь шарик из кармана.

— Там не ищи, — заметил Артем, — его там нет. Я уже искал, пока тебя не было. И куда я его девал?

— Наверное, в другой комнате, — с облегчением предположил Денис.

Он вышел и через минуту вернулся с шариком в руках. Артем взял любимую игрушку, сделал несколько движений пальцами, потом остановился и недоуменно поднес шарик к лицу.

— Как странно он пахнет.

— Чем пахнет? — не понял Денис. — Ничего он не пахнет.

— Он пахнет чем-то сладким... Мороженым. И липкий немножко. Ты что, брал его с собой, когда уходил?

Денис собрался соврать, но подумал, что это бессмысленно. Артема трудно обмануть, у него чутье просто невероятное. Он все равно поймет, что Денис лжет, даже если отпираться до последнего, и обидится.

— Ну брал. А что? Ты же все равно спал, когда я ушел, вот я и подумал, что он тебе не понадобится.

— Но Каменская же сказала, чтобы мы с шариком на улице не играли. Ты что, забыл?

Артем разволновался, и Денису это было приятно. Он беспокоится о друге, боится, как бы с ним чего не случилось. С другой стороны, он опять вспомнил про эту Каменскую... Черт возьми, как ни повернешься, кругом на нее натыкаешься! Придется поделиться с Артемом своим планом.

— Я специально его взял. А вдруг тебя действительно ищут? Ищут тебя, а найдут меня, вот тут мы их и заловим, — возбужденно заговорил он. — Мне кажется, тот парень, который обещал принести диск Астапкиной, заметил шарик, он даже спросил, почему я его в руках верчу. Вечером я с ним встречусь, запишу его го-

лос на диктофон и дам тебе послушать. Если это тот, с которым ты разговаривал тогда, мы его сами выследим и поймаем. Правда, здорово получится?

— Ты с ума сошел! — Артем захрипел и закашлялся. — Что ты придумал? Как это мы его выследим и поймаем? Мы что, сыщики? Надо позвонить Каменской и все ей рассказать.

— Вот еще! — возмутился Денис. — Рассказывать пока нечего. Надо сначала убедиться, что это действительно он, а потом уже звонить. Люди серьезным делом заняты, а мы будем их по пустякам отрывать.

Аргумент, которым он уже однажды успешно воспользовался, показался ему вполне надежным, и Денис решил пустить его в ход еще раз. Расчет оказался верным, Артем и на этот раз к нему прислушался.

— Вообще-то правильно, — задумчиво

сказал он. — Может быть, тебе показалось и этот парень заинтересовался шариком просто так. Надо проверить. Только, пожалуйста, будь очень осторожным.

— Не беспокойся, — уверенно заявил Денис, — все будет в порядке. Так ты дашь мне диктофон?

— Конечно, бери.

Они решили, что Денис около половины одиннадцатого уйдет как будто домой и к Кипиани возвращаться после встречи не будет. Иначе трудно объяснить такие странные вечерние походы родителям Артема.

— Я переночую дома, а с утра прибегу к тебе, — пообещал Денис. — Только...

— Что?

— Он просит за диск пятьдесят рублей. У меня столько нет.

— Ничего, родители придут — я у них попрошу.

В половине седьмого с работы пришла

Екатерина, чуть позже появился Тенгиз. Родители с удовлетворением отметили, что под умелым и ответственным руководством Дениса их сын идет на поправку, накормили мальчиков ужином и без единого вопроса выдали требуемую сумму на приобретение нужного Артему диска.

Измотанный температурой и лекарствами Артем с трудом боролся со слабостью и желанием уснуть, и Денису пришлось уйти раньше, чем он планировал. В самом деле, раз он не остается ночевать, то нечего тут отсиживать, если Артем спит.

Домой идти не хотелось, и Денис бесцельно бродил по кривым улочкам в районе Садового кольца, думая о предстоящей встрече и о том, как он сам поймает преступника. Артем после этого будет еще больше уважать его, и тогда уж никакая Каменская не страшна.

* * *

Заехав за кассетой, Настя отправилась домой. Ее одолевало любопытство, поэтому, едва войдя в квартиру, она немедленно вставила кассету в магнитофон.

— Ты что, сегодня отказываешься от ужина? — удивленно спросил Алексей.

— Тсс, — она прижала палец к губам, — сейчас я быстренько послушаю, пойму, что это опять не то, и накинусь на еду со зверским аппетитом.

— А что это?

— Мендельсон.

— Погоди, мы же вчера какого-то Мендельсона покупали.

— Того же самого. Только оркестр другой, и дирижер другой. Вчера был Левайн, а сегодня Зубан Мета.

— И в чем смысл? Ты мне вчера так ничего и не объяснила толком.

— Человек, которого мы ищем, слушал Мендельсона. И мы думаем, что это убийца. Нужно найти такую же запись,

как та, которую он слушал, и попытаться очертить круг людей, у которых она есть.

— С ума сойти, до чего дошел прогресс, — Чистяков ехидно покачал головой. — Убийцы слушают симфоническую музыку. А я думал, что Мендельсон — это в основном свадебный марш.

— Нет, солнышко, Мендельсон — это в основном вот это, а свадебный марш — так, шутка гения, саундтрек.

Алексей озадаченно взглянул на нее:

— Не понял. Почему саундтрек?

— Потому что это музыка к пьесе Шекспира «Сон в летнюю ночь».

— Да? Не знал.

— Леш, давай помолчим, — быстро и тихо сказала Настя. — Мне нужно два фрагмента прослушать внимательно.

Да, кажется, все именно так, как описывал Артем. В этом фрагменте на первый план выходят скрипки... А в этом — медная группа. Надо сравнить поточнее.

Настя достала две другие записи Шот-

ландской симфонии и стала слушать их. Пожалуй, сходится. Теперь остается Артем. Он должен своими ушами услышать и сказать, такое исполнение доносилось из наушников незнакомца или нет. Она посмотрела на часы. Пять минут одиннадцатого. Еще вполне прилично позвонить.

— Ты закончила? — донесся из кухни голос Алексея. — Можно разогревать?

— Сейчас, солнышко, еще один звоночек по телефону — и я вся твоя.

* * *

Артем то проваливался в тяжелую дремоту, то выныривал из нее и лежал в темноте, не зажигая света и не открывая глаз. Телефон стоял здесь же, прямо у изголовья, и, когда раздался звонок, он тут же схватил трубку. Ему казалось, что проспал он довольно долго, сейчас, наверное, уже почти полночь. Может быть, звонит Де-

нис? Хорошо бы это был он, все-таки у Артема на душе неспокойно.

— Добрый вечер, — услышал он ровный хрипловатый голос, от которого у него вдруг бешено заколотилось сердце, — это Каменская. Я не очень поздно вас беспокою?

У Артема перехватило дыхание, и он даже не смог сразу ответить, но в это время раздался голос матери, которая, полагая, что сын давно спит, сняла трубку в другой комнате.

— Добрый вечер, Анастасия Павловна. Я вас слушаю.

— Можно мне поговорить с вашим сыном?

— Вы знаете, он нездоров и сейчас спит...

— Я не сплю! — судорожно выкрикнул Артем. — Я здесь.

— Здравствуй, Артем.

— Здравствуйте, — пробормотал он,

боясь, что Каменская услышит, как дрожит его голос.

— Мы могли бы завтра встретиться с тобой? Ты не занят?

— Нет-нет, пожалуйста, я целый день буду дома.

Внезапно его пронзила острая тревога. Почему Каменская звонит ему поздно вечером? Неужели с Денисом беда? Он чувствовал, что не надо было все это затевать! Протянув руку, Артем схватил со стола электронные часы-будильник и поднес поближе к глазам. Зеленые светящиеся цифры показывали 22.10. Неужели еще так рано? Значит, Денис пока не встречался с тем типом и никакой беды еще быть не могло. Его немного отпустило.

— А что случилось? — спросил он уже спокойнее.

— Мы нашли одну запись Мендельсона, мне кажется, она подходит под то описание, которое ты мне давал. Но я бы хотела, чтобы ты сам прослушал ее. Так я

могу подъехать к тебе завтра часам к десяти утра?

— Да, конечно... — Он помолчал немного. — Скажите, а где вы достали эту запись? Она очень необычная, я бы хотел, чтобы она у меня была. В каком магазине вы ее купили?

— Не в магазине.

— А где?

— У одного человека.

— А можно у него спросить, где он покупал?

— Артем, мне не хотелось бы тебя пугать, но этот человек умер. Он был наркоманом, ты очень точно описал его речь. Только ты решил, что он пожилой, а он на самом деле был молодым, это наркотики дают такой эффект, если их сочетать с транквилизаторами.

Умер... Артему показалось, что сердце провалилось куда-то в бездну. Умер. Неделю назад был жив, сидел на лавочке, разговаривал, слушал музыку. Молодой.

И умер. Ему стало страшно. Но в следующее мгновение он вспомнил о Денисе. Как умер? А с кем же будет встречаться Денис? Чей голос он собирается записывать? Кто назначил ему свидание поздно вечером в безлюдном грязном дворе? Страх за друга моментально перерос в панику.

— Анастасия Павловна...

— Да? Я слушаю тебя, Артем.

Ее голос, похожий на колыбельную и одновременно на музыку Дебюсси, успокоил его, как прохладная мазь успокаивает горящую кожу.

— Наверное, это не он, — неуверенно начал он.

— Кто — не он?

— Ну тот, который умер... Это, наверное, не тот человек, который сидел тогда на скамейке.

— Почему? — Каменская насторожилась, он явственно почувствовал это по ее напрягшемуся голосу. Он вообще хорошо

чувствовал интонации, даже малейшие изменения в голосах яснее любой мимики рассказывали ему об изменениях эмоций людей.

— Потому что сегодня Денис ходил по улицам с шариком. Он искал для меня диск Астапкиной... Ну вот, один парень сказал, что у него такой диск есть, и назначил Денису встречу в одиннадцать вечера. И еще он поинтересовался, что это за шарик и почему Денис с ним играет. А он ответил, что хочет быть пианистом. Вот я и подумал, что если тот человек и правда умер, то с Денисом ничего плохого не случится. Но если он назначил Денису встречу, то, значит, он не умер.

— Погоди, погоди, — теперь голос Каменской был жестким и ледяным. — Что значит «Денис ходил по улицам с шариком»? Я же запретила это делать.

— Я знаю, но он не послушался. Он ушел на улицу, когда я спал. Я не видел, что он взял шарик.

— Он что, специально это сделал?

— Кажется, да... Он сказал, что пусть преступники его найдут, он не боится, он сильный и тренированный, он их сам поймает. И сдаст в милицию. Анастасия Павловна, я боюсь за него...

— Так. — Она сделала паузу, видимо, что-то обдумывая. — О том, что твой друг поступил неправильно, мы поговорим в следующий раз. Где назначена встреча?

Артем объяснил, стараясь быть как можно более точным.

— В котором часу?

— В одиннадцать.

— Спасибо, что сказал.

Она бросила трубку, не попрощавшись, но Артем не обиделся. Он понимал, что они с Денисом задумали непростительную глупость, и отчаянно ругал себя за то, что не понял этого раньше, когда друг еще был здесь и когда еще можно было удержать его, не пустить, отговорить. Он поддался на уверенный тон и

мальчишеский азарт, да что греха таить, этот же азарт охватил и его самого при одной только мысли о том, что они вдвоем смогут поймать преступника. Настоящего преступника! Господи, и о чем он думал? Непростительно! Ну ладно Дениска, ему всего шестнадцать, с него какой спрос, но Артему-то уже девятнадцать, правильно отец говорил: если бы не слепота, он бы сейчас в армии служил и, может быть, даже воевал. Он-то куда смотрел? И, главное, спать улегся, как будто ничего не происходит. Как хорошо, что Каменская позвонила. Как хорошо, что она есть на свете. Она обязательно что-нибудь придумает, она не допустит, чтобы с Дениской случилось что-то плохое.

* * *

Встреча с Георгием Николаевичем Дударевым адвокату Храмову не понравилась, но он еще со времен своей мили-

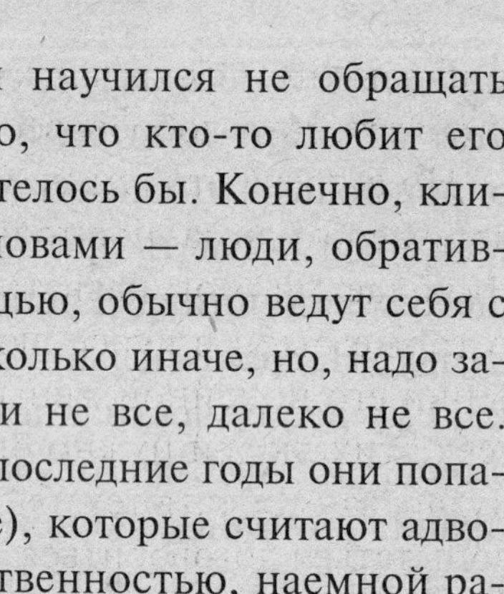

цейской жизни научился не обращать внимания на то, что кто-то любит его меньше, чем хотелось бы. Конечно, клиенты, иными словами — люди, обратившиеся за помощью, обычно ведут себя с адвокатами несколько иначе, но, надо заметить, все-таки не все, далеко не все. Есть такие (и в последние годы они попадаются все чаще), которые считают адвоката своей собственностью, наемной рабочей силой, которая как скажут — так и сделает и личное мнение которой никого особо не интересует. Дударев оказался почти таким же. Конечно, у него не было замашек, присущих некоторым бизнесменам, он не говорил слов вроде «как я скажу, так и делайте», но позиция его была заявлена четко и недвусмысленно: вас наняли, вот и делайте то, для чего вас наняли, меня не интересует, какими способами вы собираетесь это делать, получили команду — исполняйте, как в армии, где

приказы не обсуждают, а выполняют. И обязательно добросовестно.

Но встреча эта тем не менее была Храмову необходима, ибо только сам Георгий Николаевич мог назвать имена людей, которые были в курсе любовных похождений его покойной жены. Более того, из всех этих людей нужно было с помощью Дударева отобрать тех, с кем имело смысл попытаться договориться. Дударев не сразу понял, какой план собирается осуществить адвокат, пришлось объяснять ему это три раза, пока до него дошло, и Храмов отдал должное гибкости ума Ольги Васильевны, которая прониклась ситуацией сразу же. Все два часа, пока они беседовали в зале тихого безлюдного ресторана «Пальма», Анатолий Леонидович исподтишка наблюдал за любовниками, не переставая удивляться небесным силам, которые смогли свести их вместе. Они были совершенно разными людьми и, по мнению адвоката, абсолютно друг другу

не подходили. Ольга Васильевна была, как ему казалось, женщиной тонкой, эмоциональной, нервной, склонной переживать все глубоко и драматично. Дударев же производил впечатление человека простоватого, резкого, негибкого и не очень воспитанного. Впрочем, одернул себя Анатолий Леонидович, это может оказаться наносным и даже искусственным, недаром же в Дударева влюбилась не только умная, интеллигентная Ольга Ермилова, но и — несколькими годами раньше — яркая красавица и удачливая бизнесменша Елена Тумакова. Наверное, что-то в нем есть такое...

Во всяком случае, то, что он видел своими глазами, вызывало в Храмове чувство легкого недоумения. Ольга старалась во всем угодить Дудареву и чуть не в рот ему смотрела, Георгий же Николаевич держался со своей дамой сухо и сдержанно, будто она была в чем-то перед ним виновата.

Однако цель встречи была достигнута, и из ресторана Анатолий Леонидович Храмов уходил, унося в своем «дипломате» адреса, телефоны и имена людей, которых он будет стараться обработать в нужном для защиты направлении, дабы помешать осуждению господина Дударева. Все время, пока длился деловой обед, Храмов пытался ответить сам себе на вопрос: действительно ли его клиент невиновен или он все-таки убийца. Задавать вопрос напрямую он не стал, но разговор поворачивал таким образом, чтобы вынудить Дударева высказаться на этот счет определенно. Дударев же произносил непонятные Храмову фразы:

— Вы же понимаете, что я этого убийства не совершал.

— Разумеется, — кивал адвокат.

— Вы же понимаете, что у меня не было причины убивать Елену.

— Разумеется, — соглашался Храмов.

— Вы же понимаете, что все это — бред больного воображения.

— Понимаю, — отвечал Анатолий Леонидович.

Но понимал он только одно: построенная таким образом фраза обычно означала скрытое, завуалированное признание в совершении преступления и одновременно содержала в себе указание защитнику добиваться оправдания. Если бы ситуация была иной, Дударев сказал бы: «Поверьте мне, я не убивал свою жену». Но он этого не сказал.

Вечером того же дня Анатолий Леонидович Храмов нанес свой первый визит свидетелям, которых назвал Дударев. Результатами он остался неудовлетворен, ибо приятельница покойной Елены Петровны ничего внятного о поведении следователя и его попытках видоизменить ее показания сказать не смогла.

— Да нет, что вы, — говорила она чуть удивленно, — следователь на меня не да-

вил и мои слова не переиначивал, я же читала протокол и подписывала. Там все именно так, как я ему говорила.

— Значит, вы уверены, что Елена Петровна вела за спиной мужа бурную личную жизнь?

— Я точно это знаю, — твердо ответила женщина.

Как ни бился Анатолий Леонидович, ему не удалось поколебать уверенность свидетельницы в своих знаниях. Он не хотел действовать грубо и прямолинейно, предлагая ей деньги за изменение показаний, это был не его стиль. Он еще по работе в милиции хорошо знал, что результаты любого допроса на девяносто восемь процентов зависят от того, как формулируются вопросы и в какой последовательности задаются, недаром существует целая наука о тактике допроса. Наукой этой Анатолий Храмов владел весьма неплохо и широко применял свои умения в адвокатской практике. «Что ж, — подумал он,

покидая квартиру свидетельницы, — это не последний шанс, будем пробовать дальше. Время грязных методов пока не пришло».

Часы показывали только половину девятого вечера, и Храмов подумал, что может вполне успеть нанести еще хотя бы один визит. Сев в машину, он позвонил по мобильному телефону еще по одному из продиктованных Дударевым номеров и договорился о встрече.

Через тридцать пять минут он вошел в подъезд и поднялся на третий этаж, а еще через час вышел на улицу крайне озадаченным. Такого поворота он не ожидал.

* * *

Без пяти одиннадцать Денис Баженов уже стоял в оговоренном месте встречи. Совершенно неожиданно он почувствовал, что боится. В течение нескольких часов, которые прошли с первой встречи с

продавцом компакт-дисков и до нынешнего момента, он испытывал острое возбуждение от предстоящего приключения, казался себе умным, хитрым и сильным и совершенно не думал об опасности. Однако теперь, стоя в сумерках посреди грязного двора, он впервые почувствовал что-то вроде тревоги. Да, он плечистый, сильный и тренированный, он несомненно справится с продавцом дисков в случае чего, но кто сказал, что он придет один? И почему он раньше об этом не подумал?

Впрочем, может быть, он сам себя накручивает. Продавец тоже придет один, ему нужно присмотреться к Денису, чтобы убедиться, что это именно он — тот самый парень, который был тогда рядом с домом, где взорвалась машина. Он ведь тоже не может быть на сто процентов уверен, ему тоже необходимо проверить свои подозрения. Даже если он придет не один, совсем не обязательно, что его будут бить или что-то в этом роде. Денис старался

себя успокоить, но получалось у него плохо. С каждой минутой, проведенной в ожидании, страх все больше овладевал им. Даже мелькнула постыдная мысль уйти отсюда, пока никто не пришел. Но мысль эту Денис Баженов от себя отогнал. Если он струсит, Артем больше никогда не сможет уважать его, а это равносильно катастрофе.

Продавец дисков появился около половины двенадцатого, когда стало уже почти совсем темно. Он был один, и Денису сразу стало спокойнее.

— Привет! — нарочито громко произнес он, стараясь выглядеть спокойным и уверенным в себе. — А я уж думал, ты забыл, что мы договорились.

Сунув руку в висящую через плечо сумку, он вытащил пятидесятирублевую купюру, одновременно нажав кнопку диктофона.

— Принес диск?

— Принес, — коротко ответил прода-

вец. — Деньги давай, а то знаю я вас, малолеток. Сейчас диск схватишь — и бегом.

— Ага, как же, — Денис приободрился, — ты сначала диск покажи, а то я тебе деньги отдам, ты их схватишь — и бегом.

Он ужасно гордился тем, что сумел пошутить даже в такой непростой ситуации. Кажется, опасности нет, парень ничего такого не говорит, наоборот, ведет себя спокойно и вполне оправданно.

Продавец вытащил диск из пакета, который нес в руках. В темноте было плохо видно, что написано на коробке, и Денису пришлось поднести ее прямо к глазам. Да, действительно, Ирина Астапкина. Нужно быстрее отдавать деньги и уматывать отсюда. Но, с другой стороны, парень еще так мало слов сказал. А вдруг Артему этого будет недостаточно, чтобы узнать голос? Нужно как-то затянуть разговор.

— А почем я знаю, что внутри диск

именно Астапкиной, а не другой какой-нибудь? — подозрительно спросил он.

— Это же диск, болван, а не кассета, — презрительно бросил парень. — На нем написано, и надпись заводская. Посмотри, если не веришь.

Денис открыл коробку, вытащил диск и начал осматривать его с двух сторон. Он был еще очень юн и неопытен и не знал, что в ситуации, когда опасаешься нападения, нельзя занимать обе руки. Хотя бы одна рука должна оставаться свободной. В левой руке он держал открытую коробку, в правой — диск. И именно в этот момент получил удар ножом.

Его спасла разница в росте и крепкие мышцы. Удар, конечно, достиг своей цели, Денис почувствовал острую жгучую боль, отшатнулся и согнулся пополам, понимая, что сейчас его просто-напросто добьют. «Вот дурак, ведь думал же...» — пронеслась в голове мысль. И уже в сле-

дующее мгновение он услышал топот ног и чьи-то голоса.

Потом вспыхнул яркий свет, Денис зажмурился.

— Денис, — раздался совсем рядом знакомый голос. — Денис, ты меня слышишь?

Он не смог вспомнить, чей это голос, и приоткрыл глаза. Это был уже не темный грязный двор. Он находился в каком-то крошечном помещении размером с каморку, и рядом с ним сидела Каменская. О господи, неужели он никогда от нее не избавится!

— Где я? — спросил он, удивляясь тому, что губы шевелятся с огромным трудом.

— Пока в машине. Скоро будешь в больнице. Ты как?

— Нормально. Я в порядке.

— Ну, не в таком уж порядке, — заметила она спокойно. — Нож в живот ты

все-таки получил. Что за парень был с тобой?

Ну да, конечно, так он ей и расскажет! Сейчас в больнице ему перевяжут рану, он вернется домой, а завтра даст Артему послушать запись. И только потом он, может быть, скажет Каменской. А может, и нет...

В голове мутилось, подступала тошнота, и он испугался. А вдруг его тяжело ранили?

В это время рядом с лицом Каменской возникло другое лицо. Человек был в белом халате. Он взял Дениса за руку и стал считать пульс. Юноша понял, что находится в машине «Скорой помощи».

— Я умру? — спросил Денис шепотом.

— Еще чего! — улыбнулся врач. — Ты нас всех переживешь.

Денис тут же вспомнил подобные сцены из всех прочитанных им книг и виденных фильмов. Смертельно раненных и не-

излечимо больных врачи всегда утешают и говорят, что они проживут еще долго.

— Вы меня обманываете...

— Никогда. Ранение глубокое, но кровопотеря пока незначительная, потому что тебе оказали помощь практически моментально. Внутреннего кровоизлияния, кажется, нет, рана широкая, нож, наверное, был туповатый. Если бы ты пролежал с таким ранением час-полтора, ты потерял бы много крови, и тогда нам было бы труднее.

— А сколько я пролежал?

— Меньше минуты. Спасибо Анастасии Павловне, она тебя правильно перевязала. Я тебя убедил? Тогда все, молчок до самой операционной.

Денис прикрыл глаза. Его охватило глубокое отчаяние. Он так хотел поймать преступника сам, чтобы доказать всем, и в первую очередь Артему, что он умный, сильный и смелый. А теперь он умрет, да еще так бездарно. И преступника не пой-

мал, так что Артем его добрым словом не вспомнит. И еще вдобавок ко всему на глазах у Каменской, у той Каменской, которая отнимает у него Артема. Ну почему жизнь так несправедлива?

* * *

Задержанного по фамилии Лыткин доставили в ближайшее отделение милиции. Отпираться от того, что он нанес Денису Баженову удар ножом, он никак не мог, поскольку его взяли здесь же, на месте преступления. Но на вопрос, почему он собирался убить Дениса, он отвечал однообразно и вполне убедительно: убивать не собирался, хотел только попугать, защищая интересы своей собственности.

— Он диск взял, а деньги платить не хотел. А у меня карман казенный, да? Это что же я, каждому встречному-поперечному должен за бесплатно диски поставлять, да? Я говорю ему, мол, давай деньги, а он мне говорит, сейчас, мол, как вма-

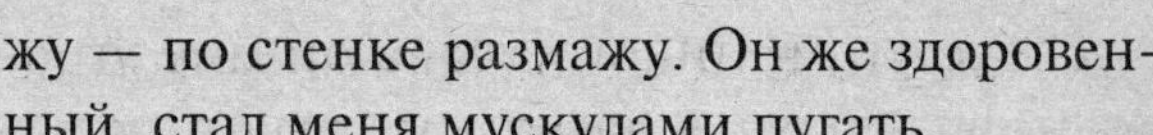

жу — по стенке размажу. Он же здоровенный, стал меня мускулами пугать.

— Малолетки испугался, да? — насмешливо спросил Сергей Зарубин, невольно передразнивая манеру Лыткина.

— А я чего, знал, что ли, что он малолетка? — окрысился Лыткин. — Он вон здоровый какой, он меня одним пальцем зашибить мог. Я говорю, мол, давай деньги, а он не отдает. Диск взял, а деньги не отдает...

И все сначала.

— Ладно, начальник, я согласен, шей мне легкие телесные, только малолетке этому не забудь пришить покушение на грабеж. Он диск хотел забрать, а деньги не отдавать, физической расправой меня пугал. Это же чистый грабеж. Что, нет?

— Да, да, успокойся, правовед. С легкими телесными повреждениями ты, правда, погорячился, удар нанес в жизненно важный орган.

— А я что, думал, куда бить, да? Ночь,

пусто кругом, никого нет, а он мне угрожает физическим насилием, кулаками машет. Я себя защищать должен или как?

Лыткину, разумеется, не сказали, что в сумке у Дениса лежал включенный диктофон, на котором записан весь разговор, и никаких угроз в адрес незадачливого продавца дисков там не зафиксировано. Зачем ему говорить? Пусть поет свою песенку и пусть думает, что ему верят. Завтра утром эту запись прослушает Артем Кипиани и скажет, такой ли голос он слышал за несколько минут до взрыва автомобиля. Если да, то задачу поиска соучастника убийства Елены Дударевой можно считать решенной. Если же нет, то придется вернуться к кандидатуре Константина Вяткина, в квартире у которого была найдена запись Мендельсона. Если, конечно, завтра утром Артем, прослушав симфонию, признает, что это то самое исполнение. А если нет...

Многовато «если». Но в любом случае

это лучше, чем ни одного. Потому что наружное наблюдение за Дударевым пока ничего не принесло, а так есть хоть какие-то отправные точки для поиска.

Глава 7

— Наше счастье, что Колобок в отъезде, а то получили бы мы за Баженова все, что причитается, чтобы до конца жизни хватило, — с облегчением вздыхал молодожен Селуянов, который боялся полковника Гордеева до дрожи в ногах и ничего не мог с этим поделать.

— Ничего мы не получили бы, — успокаивал его Юра Коротков. — Ты сам посуди, мы о встрече Баженова с Лыткиным узнали меньше чем за час до назначенного времени. И вообще, скажи спасибо, что хоть узнали. А кабы Аська не позвонила Артему? Лежал бы Денис во дворе всю ночь и кровью истекал. Так лучше, что ли, было бы?

— Ты меня не уводи в дебри, — не сдавался Николай. — Если б мы не знали — с нас один спрос. Но мы ведь знали! Мы же успели на «Красные Ворота» вовремя, а нападение предотвратить не сумели. Что мы за менты такие неудалые?

— Колян, не преувеличивай. Представь себе, что мы подбежали бы к ним и схватили Лыткина. И дальше что? У него в руках диск, у Баженова — деньги, факт договоренности о купле-продаже подтверждают оба. И мы попадаем в интересное положение, а все кругом в белом. Ты же опер, не вынуждай меня объяснять тебе очевидные вещи. Расчет был на то, что Лыткин только завяжет знакомство с Денисом и они мирно разойдутся, а мы бы потом отработали этого торговца по всем правилам. Кто ж мог предположить, что Лыткин сразу за нож схватится! Если бы они хотя бы драться начали...

— Да понимаю я все, не маленький, — огрызнулся Селуянов. — Не первый год

замужем. И все равно мне каждый раз бывает не по себе. Будто я в чем-то виноват.

— Ни в чем ты не виноват, — продолжал убеждать друга Коротков. — Ребятам сказано было русским языком: шарик — это поисковый признак, не ходите с ним по улице, не светитесь. А если к вам кто-нибудь проявит интерес, немедленно сообщите — и телефоны все оставили. Мы же с тобой не няньки им, не можем водить их за ручку. Если бы Баженов еще днем сообщил нам о встрече, мы смогли бы организовать все так, что с него ни один волосок не упал бы. Колян, хватит рвать на себе волосы, надо делом заниматься. Ну-ка вспомни, что я теперь твой начальник, и доложи по всей форме, что происходит в той конторе, куда наш друг Дударев ходил якобы на работу устраиваться.

— Пока ничего не происходит, — признался Селуянов, понурив голову.

— Это почему же?

— Я там не был.

— Я понял, что не был. Почему?

— Ну Юр, ну поимей же совесть! Вы мне чуть свадьбу не сорвали, хотя в приличном обществе молодоженам полагается трехдневный отпуск. Я что, железный, что ли? У меня тоже чувства есть. Или ты думаешь, если я второй раз женюсь, то мне это так, по фигу?

— Нынче принято говорить «по барабану», — заметил Коротков. — Коля, давай мы с тобой один раз договоримся и больше к этому возвращаться не будем. Тебе нравится, что замом у Колобка сделали меня, а не пришлого варяга?

— Нравится, еще бы.

— Тогда не напрягай меня попусту. Можешь мне поверить, быть начальником над теми, с кем вчера работал в одной упряжке, — это не самый сладкий сахар, который существует. Так что не дави на мои дружеские чувства, а то я начинаю думать,

что я монстр какой-то и людям жизни не даю.

Николай надулся и замолчал. Коротков решил попробовать не обращать внимания на обиду давнего друга. Что толку копаться в этом? С самого начала он знал, что так и будет, так всегда бывает, когда на руководящую должность назначают кого-то из своих. Знал и пошел на это с открытыми глазами, так что теперь придется терпеть. Колька пока первый, кто сделал попытку сыграть на старой дружбе и обидеться. Но потом будет и второй, и третий. Игорь Лесников, Миша Доценко, Ася... Хотя Аська, пожалуй, не станет, у нее характер не тот.

— А кстати, где наша подполковница? — спросил он совершенно некстати.

— Не знаю, наверное, в больнице у Дениса, — ответил Селуянов. — Мы с ней вчера там сидели, пока операция не закончилась, потом я ее домой отвез, она говорила, что с утра туда вернется.

— Зачем? — удивился Коротков. — С ним же, наверное, еще разговаривать нельзя.

— Ну и что? Она просто там посидит, подежурит.

— Больше некому?

— Некому. У Дениса мамаша та еще, она, по-моему, и не собирается к нему ездить. А ты Аське все равно отгул обещал за два прошлых воскресенья, вот она и использует его.

— Ладно.

Коротков вздохнул и в очередной раз подумал, а прав ли он был, соглашаясь на это повышение в должности? На уровне старшего опера ему и в голову не приходило, о какой ерунде постоянно должна болеть голова у начальника. Даже такая, казалось бы, мелочь, как ежечасное и ежеминутное точное знание, кто из подчиненных где находится. Он должен быть во всеоружии, ежели кто из вышестоящих

начальников вздумает сказать: «А где твой имярек?» Подставить оперативника — много ума не надо, зато желающих найдется немало. Сколько раз бывало, раздается Колобку-Гордееву телефонный звоночек со словами: дескать, твой сотрудник уличен в коррупционных связях и в данный момент парится в баньке в приятном обществе известного авторитета. Или «пьянствует водку» в ресторане, известном и популярном среди криминалитета. Или иные какие «безобразия нарушает». Такие сообщения всегда малоприятны и заставляют начальника дергаться и судорожно оправдываться в попытках прикрыть подчиненного. Или нагло врать, что человек находится на спецзадании, и чувствовать себя при этом полным идиотом. Но это в том случае, если начальник на самом деле не знает, где сейчас находится злополучный подчиненный и что он там делает. А хороший начальник все-

гда должен это знать и давать злобным клеветникам и послушным чужой воле дуракам достойный отпор. Вот Каменская, например, один раз попалась, дело дошло до отстранения от должности и служебного расследования, а все почему? Потому что пошла в ресторан на встречу с крупным мафиози, Колобку не доложилась, а доброжелатели-то — они всегда тут как тут. Сфотографировали и снимки руководству ГУВД направили. Руководство Гордеева на ковер — и снимочки перед ним разложили, вот, мол, Виктор Алексеевич, полюбуйтесь, ваша любимая Каменская за одним столом с известным преступником, вот он ей ручку целует, а вот он ей прикурить дает, а вот они мило общаются. Если бы Гордеев заранее об этой встрече знал, он бы тяжелой артиллерией запасся на такой случай, а так пришлось краснеть в начальственном кабинете и грубить. Нехорошо вышло. Гордеев из тех

начальников, которые своих подчиненных считают своими детьми и вышестоящему руководству никогда не сдают, всю вину берут на себя, да и грех обмана тоже. Правда, деткам после этого влетает — мало не покажется. Конечно, если детки и вправду нашкодили. А ежели это все происки горячо любящих доброжелателей — так он может и вовсе не сказать ничего, чтобы зря человека не нервировать.

Гордеева нет в Москве, так что отвечать за каждого должен он, майор Коротков. Стоило ли столько лет совершенствовать свой профессионализм сыщика, чтобы в итоге оказаться надсмотрщиком? Вот что беспокоило Юрия. Но, честно говоря, беспокоило пока не очень часто, даже не каждый день.

* * *

Вся семья Кипиани была в больнице с восьми утра. Когда Настя около девяти часов пришла в хирургическое отделение,

она сразу увидела Артема, который нервно ходил взад-вперед по лестничной площадке перед дверью, забавно крутя головой. Конечно, он ее не узнал и просто посторонился, чтобы пропустить. С расстояния в два метра он не мог различить детали лица, видел только общий контур человека.

— Ты давно здесь? — спросила она, останавливаясь рядом с ним.

Артем повернулся к ней.

— Это вы? Я вас по голосу узнал. Мама сейчас с врачом разговаривает.

— Вы здесь вдвоем? — удивилась она.

— Папа тоже пришел. Его за минеральной водой отправили. Врач сказал, что, когда Денису можно будет пить, нужно много минералки. Как вы думаете, он поправится?

— Наверняка, — твердо сказала Настя. — Даже не сомневайся. Но сюда ты напрасно пришел.

— Почему?

— Потому что еще вчера ты меня уверял, что у тебя ангина. Уверял или нет?

— Да какая разница! Подумаешь, ангина... Денис тяжело ранен, и я должен быть здесь. И вообще я уже почти поправился.

— Это никого не интересует, Артем. Ты — вирусоноситель, и в палату к тяжелому послеоперационному больному тебя никто не пустит.

— А никто и не узнает, я же не скажу.

— И плохо сделаешь, если не скажешь. Денису сейчас только твоих бактерий не хватает для полного комплекта. Неужели твои родители этого не понимают?

В этот момент на лестницу вышла Екатерина.

— Артем, папа еще не приходил?

Она заметила Настю и рассеянно кивнула ей, не узнавая. Потом, видимо вспомнив ее, резко повернулась.

— Вы видите, на что вы толкали моего

сына? Вы же уверяли меня, что опасности никакой нет. Неужели вам не стыдно? Вы, милиционеры, готовы на что угодно, вы даже детей подставлять готовы под пули, чтобы решить свои служебные задачи. Ни стыда у вас, ни совести. И не смейте разговаривать с Артемом, я вам запрещаю!

— Мама!

Артем попытался вмешаться, но мать даже не услышала его, в ней кипела ярость, вызванная безумным страхом за сына.

— Прошу меня извинить, — вежливо, но холодно сказала Настя, — мне вы ничего запретить не можете. Если вы не хотите, чтобы ваш сын со мной разговаривал, вам следует запрещать ему, а не мне. Денис попал в беду исключительно потому, что не послушался меня. Он сделал как раз то, чего делать нельзя было, и я его предупреждала об этом. Ваш сын оказался рядом с местом преступления, и его

там видели. Более того, по стечению обстоятельств вышло так, что он общался с преступником. Ни вы, ни я не могли повлиять на этот факт или отменить его, правда? Моей задачей было обезопасить Артема на тот случай, если кто-нибудь начнет его искать. И я подробнейшим образом проинструктировала мальчиков о том, как себя вести. А Денис мои инструкции нарушил. Ваш сын делал так, как я советовала, и сейчас он цел и невредим. У вас еще есть ко мне претензии?

— Мама, ты же ничего не знаешь... Анастасия Павловна права, все было так, как она говорит.

— Не хочу ничего слышать! — почти выкрикнула Екатерина. — И не смей ее выгораживать. Ты что, тоже на больничную койку захотел? Мы немедленно едем домой, слышишь?

— Я не поеду, — Артем упрямо наклонил голову. — Я останусь здесь.

— Нет, поедешь.

Послышались шаги снизу, и через секунду в лестничном пролете показалась черноволосая голова Тенгиза Кипиани. Он шел быстро, несмотря на тяжелую сумку с бутылками нарзана.

— О, и вы здесь? — улыбнулся он Насте. — Здравствуйте. Катюша, что сказал врач?

— Я тебе дома расскажу. Отнеси воду в палату, и едем.

Екатерина демонстративно взяла Артема за руку и потянула вниз по лестнице. Юноша вырвал руку и отступил назад.

— Мама, пожалуйста, разреши мне остаться. Ты должна понять, Денис мой друг, и, когда к нему будут пускать, я должен быть первым, кого он увидит.

— К нему сегодня еще не пускают. А завтра папа тебя привезет сюда. Идем, сыночек.

Тенгиз поставил сумку с бутылками на пол и строго посмотрел на жену и сына.

— Я не понял, что здесь происходит? Что за истерика в общественном месте?

Настя заметила, что при этих словах Екатерина как-то стихла. Пожалуй, действительно в этой семье главенствует Тенгиз, решающее слово принадлежит ему.

— Никакой истерики, что ты, тебе показалось, — Екатерина сделала попытку улыбнуться. — Просто я объясняю Артему, что сегодня к Дениске еще не пускают, поэтому мы должны ехать домой.

— Артем останется здесь, — отрезал Тенгиз. — Он должен вести себя как настоящий мужчина, а не как маменькин сынок. Здесь находится его друг, и я перестал бы уважать своего сына, если бы сейчас он поехал домой. Иди в машину, Катюша, и жди меня, я отнесу воду, и мы поедем.

Настя с нескрываемым любопытством наблюдала за этой сценой. Глава семьи мгновенно расставил все по своим местам, ни на полтона не повысив голос. Ар-

тем стоял пунцовый не то от гнева, не то от стыда, и Настя ему от души сочувствовала. В девятнадцать лет, наверное, уже не бывает все равно, когда родители делят влияние на тебя, да еще в присутствии постороннего. Екатерина послушно пошла вниз, успев кинуть на Настю уничтожающий взгляд, Тенгиз скрылся за дверью, ведущей в отделение, и они с Артемом остались вдвоем.

— Ужасно, да? — Он слабо улыбнулся и снова закрутил головой, стараясь поймать Настю глазами.

— Ничего ужасного, со всеми это бывает. Родители с трудом мирятся с тем, что их ребенок перестает быть ребенком и становится взрослым. Им почти всегда этого очень не хочется, просто такое нежелание принимает самые разные формы. К этому надо быть готовым и относиться с пониманием. И ни в коем случае не стесняться.

— Как же не стесняться... Неудобно

так получается... Я даже не знаю, что сказать.

— Не нужно ничего говорить. — Настя мягко взяла Артема за руку. — Никогда не нужно стесняться собственных родителей, это грех. Родителями нужно гордиться, какими бы они ни были. Они дали тебе жизнь, и они для тебя самые лучшие. И ведут они себя совершенно естественно, все другие родители сделали бы в точности то же самое.

— Значит, вы не сердитесь на маму?

— Нисколько. Я ее понимаю. Может быть, тебе кажется, что я излишне резко ей ответила?

— Ну да, я и подумал, что вы рассердились.

— Это разные вещи, Артем. Не согласиться с человеком, когда он не прав, — одно. Сердиться на него за то, что он не прав, — совершенно другое. Наверное, я была резка с твоей мамой, но я на нее не обиделась.

Открылась дверь, снова появился Тенгиз.

— Сколько ты хочешь здесь пробыть? — спросил он сына.

— Я не знаю, — растерялся Артем. — Я думал, пока к Денису пускать не начнут. Но мама сказала, что пускать будут только завтра.

— Хорошо, — кивнул отец. — Ты остаешься здесь, это решено. Мало ли что понадобится. Когда за тобой приехать?

— Я сам доеду на метро.

— Ладно. Не забывай звонить матери, она волнуется.

Он легко хлопнул Артема по плечу и сбежал по ступенькам вниз. Настю он, казалось, не замечал, хотя и поздоровался с ней вначале. Что это, демонстрация согласия с позицией жены? Он тоже считает Настю в чем-то виноватой? Наверное, так. Только у него в отличие от супруги хватает выдержки не устраивать ей сцен.

Они молчали, пока не стихли шаги и не хлопнула дверь на улицу.

— Хорошо, что я тебя здесь встретила, — сказала Настя. — Ты подождешь, пока я переговорю с врачом?

— Конечно, — с готовностью ответил Артем.

* * *

Она еще спрашивает, подождет ли он! Да он готов ждать ее часами, если она рада встрече с ним. А она рада, она же сказала: «Хорошо, что я тебя здесь встретила». Артему казалось, что он может без конца слушать ее голос, похожий на колыбельную.

Каменской не было долго, так, во всяком случае, ему показалось, и Артем начал беспокоиться. Может быть, с Денисом что-то неладно? Он решил подождать еще немного и сам идти в отделение, но спустя несколько минут одумался. В помещении за этой дверью он ни разу не

был, он не знает, где что расположено, а для того, чтобы прочитать надписи на дверях, ему придется утыкаться в эти двери носом. Ничего себе картинка! И каждому объяснять, что он ничего не видит и ищет женщину из милиции. Глупость какая-то! Нужно набраться терпения и ждать, Каменская обязательно придет. Он спустился на один пролет и присел на подоконник.

Ближе к десяти часам больница стала оживать, по лестнице сновали люди, и двери хирургического отделения все время открывались и закрывались, заставляя Артема вздрагивать. Он не мог различить, кто выходит на лестницу, только по контуру фигуры определял, что идет человек в халате или без него. Каменской все не было, и Артем стал думать о музыке, чтобы время шло быстрее. Для него это был испытанный способ скоротать минуты и часы. В голове начинали звучать музы-

кальные фразы, и он тут же мысленно перекладывал их на нотные знаки, произнося в уме: правая соль четверть с точкой, пауза восьмушка, триоль ля—си-бемоль—ля, левая ми—соль—си-бемоль... Интересно, сможет ли Денис научиться записывать партитуры? Впрочем, отец обещал со временем купить тот самый компьютер, который может записывать ноты, если подключить его к электронному инструменту. Интересно, получится ли из него композитор? Отец говорит, что обязательно получится, если много и упорно работать, отец вообще свято верит в силу труда и упорства и считает, что они помогают преодолеть любые сложности.

Дверь снова открылась, и Артем даже удивился, что в тот же момент понял: это она. Это действительно была Каменская.

— Ты меня заждался?

— Немножко. Как там Денис?

— Ничего. Состояние средней тяжес-

ти, это всегда бывает после полостных операций. Если все будет благополучно, завтра его переведут в общую палату. Но тебе лучше к нему не ходить, пока ты сам окончательно не выздоровеешь. Это ненужный риск.

— Я здоров... — начал было Артем, но Каменская прервала его:

— Пойдем на улицу, там есть где поговорить.

Вокруг больницы не было настоящего парка, было лишь некое подобие сквера, где прогуливались или просто сидели на свежем воздухе ходячие больные. Сейчас время утреннего обхода, все пациенты находились в палатах, и им удалось без труда отыскать свободную скамью.

Каменская достала из сумки плейер и кассеты.

— Я хочу, чтобы ты это прослушал. Здесь три варианта Шотландской симфонии.

Артем надел наушники. Запись на первой кассете он отмел сразу, вторую слушал чуть дольше. Конечно, это она, та самая запись, которая доносилась из наушников незнакомца в то воскресное утро. Он хотел было сказать об этом Каменской, но решил подождать и дослушать первую часть до конца. Музыка завораживала его своим суровым холодом, даже мурашки по коже побежали. Он слушал эту симфонию много раз, но никогда музыка Мендельсона не звучала так, как сейчас. Перед глазами вставали скалистые горы и глубокие озера, наполненные ледяной водой, в этих озерах отражалось свинцовое тяжелое небо, на котором собирались грозовые тучи, налетал ветер, порывы его делались все сильнее и сильнее, пока не превращались в ураган, ломающий деревья, сметающий все на своем пути и заливающий искореженные обломки холодным проливным дождем... А потом все

закончилось, ветер стих, дождь прекратился, но солнце так и не выглянуло.

— Это она, — сказал он, снимая наушники.

— Хорошо, — Каменская убрала кассету в сумку, — теперь послушай вот это. Это запись разговора Дениса с тем человеком, который его ранил. Я хочу, чтобы ты попробовал вспомнить, не с ним ли разговаривал тогда, когда слышал музыку.

Нет, этого голоса Артем не слышал никогда, он мог бы в этом поклясться. Тот человек на скамейке разговаривал совсем иначе, и тембр был другим, и интонации.

— Нет, — покачал он головой, снимая наушники, — не он.

— Хорошо, — повторила Каменская, и Артем не понял, что же здесь хорошего, если человек оказался не тем.

— А почему он хотел убить Дениса?

— Не знаю. Может быть, ему действи-

тельно показалось, что твой друг хочет забрать диск и не заплатить.

— Неужели за это можно убить? — изумился Артем. — Это же всего пятьдесят рублей каких-то...

— Сегодня и за меньшее убивают. Теперь расскажи мне как можно подробнее, слово за словом, шаг за шагом, что говорил Денис вчера.

Артем начал рассказывать, стараясь ничего не упустить. Он плохо видел лицо Каменской, но чувствовал запах ее духов и хотел запомнить их надолго. Неужели ей и в самом деле столько лет, сколько его родителям? Наверное, у нее есть дети такого же возраста, как и он сам. Чем они занимаются, какой у них характер? А вдруг у нее есть дочка, и у этой дочки такой же голос, как у Каменской?

Мысли текли параллельно, одной частью мозга Артем следил за деталями собственного рассказа, другой — думал о

женщине, которая сидела рядом с ним, о ее духах и ее голосе. Он давно уже научился думать о нескольких вещах одновременно, не теряя нити размышлений, не сбиваясь и не путаясь.

— О чем ты думаешь? — внезапно спросила Каменская.

Артем вздрогнул и почувствовал, как начинают гореть щеки. Неужели так заметно?

— Неужели так заметно? — произнес он вслух, прежде чем успел прикусить язык.

— Заметно. Твои глаза где-то... не со мной. Вроде бы разговариваешь со мной, а думаешь о чем-то другом. Верно?

— Верно. — Он улыбнулся. — А у вас есть дети?

— Нет.

— Значит, вы не замужем?

— Замужем. Почему ты спросил?

— Просто интересно. Я подумал, что, если у вас есть дочка, у нее обязательно

должен быть такой же голос, как у вас. А как называются ваши духи?

— Артем, откуда такие странные вопросы? Мы с тобой говорим о преступнике, который напал на Дениса, а не обо мне.

От ее голоса повеяло прохладой, Артем сразу это почувствовал. Минуту назад голос Каменской был похож на тихую фортепианную элегию, а теперь в нем явственно проступала партия трубы. Холодный острый металл.

— Извините, — пробормотал он, — я больше не буду отвлекаться.

* * *

В среде сотрудников фирмы «Турелла» единодушия не было, Сергей Зарубин понял это сразу. Интриги процветали, сплетни были основной темой разговоров, и каждый имел собственную версию организации убийства Елены Дударевой. Однако в том, что один из инициаторов убий-

ства работает в «Турелле», все дружно сомневались. Или, по крайней мере, так говорили.

Коля Селуянов, подувшись на своего начальника минут десять, отправился в организацию, вызвавшую наибольшие подозрения, и быстренько свел знакомство с той самой Галочкой, на которую указала ему Анастасия. Галочка действительно знала все и обо всех, но самое главное — любила об этом рассказывать. За первые два дня знакомства Николаю удалось узнать о сотрудниках торгово-закупочной фирмы массу интересного, но не относящегося к делу. Задавать вопрос о Дудареве впрямую ему не хотелось, но время шло, а Галочка рассказывала о чем угодно, только не о нем. Наконец он решил пойти ва-банк.

Встретив свою новую знакомую после

работы, Селуянов предложил где-нибудь поужинать. Галя с восторгом согласилась.

— А куда мы пойдем? — с любопытством спросила она.

— Есть такой симпатичный кабачок, называется «У Тимура». Слыхала?

— Но это же далеко, — удивленно протянула девушка. — Неужели поближе ничего нет?

— Поближе есть, но мне нужно в те края. Сегодня годовщина смерти одного человека, которому я был очень обязан, и мне хотелось бы положить цветы на могилу. А ресторан как раз рядом с кладбищем.

— А-а, — разочарованно протянула Галя. — Ну ладно, поехали.

Всю дорогу до кладбища Селуянов мысленно хвалил себя за странную привычку собирать информацию «на всякий случай, авось пригодится». Во время похорон Елены Дударевой он внимательно

осмотрел находящиеся рядом могилы и постарался запомнить имена и даты: он хорошо знал по опыту, что это бывает очень полезным и часто помогает заводить нужные, но с виду вполне естественные знакомства.

Купив цветы у бабульки, торгующей перед входом на кладбище, Николай уверенно повел Галю по дорожке вдоль могил. Топографическая память у него была отменная, и что такое «забыть дорогу», а уж тем более «заблудиться», он не знал. Свежую могилу Дударевой, накрытую ворохом венков с быстро увядшими на жаре цветами, он нашел быстро, но прошел мимо к тому захоронению, которое было ему нужно. Он отчетливо помнил, что Дудареву похоронили рядом с человеком, на памятнике которого было высечено: «Кошелев Федор Иннокентьевич, 19.02.1929 — 10.06.1992». Умер он, стало быть, шесть лет назад в этот самый день, 10 июня.

Николай положил цветы, постоял минутку молча.

— Смотри-ка, кого-то недавно похоронили. — Он сделал вид, что только сейчас заметил могилу Дударевой. — А я думал, что в этой части больше не хоронят, здесь места нет. Еще шесть лет назад, когда Федор Иннокентьевич умер, помнится, это место с огромным трудом выбили, все связи подняли. Уже тогда здесь не разрешали новые захоронения. Ан нет, смотри-ка, еще кому-то удалось. Наверное, какой-нибудь финансовый воротила из «новых русских».

Он наклонился над могилой, будто читая надпись на табличке.

— Дударева Елена Петровна... Надо же, молодая совсем, тридцать шесть лет всего.

Галя стояла рядом бледная, с дрожащими губами.

— Ты что, расстроилась? — спросил

Селуянов. — Тебя пугает, когда молодые женщины умирают?

— Не в этом дело, — резко сказала девушка. — Пошли отсюда. Терпеть не могу кладбища.

— Ну пошли, — покладисто согласился Николай.

Он не торопясь повел Галю к выходу, но не той дорогой, которой привел к могиле, а другой, более длинной, надеясь на то, что она не вспомнит маршрут.

— Представляешь, каково мужу этой Дударевой, если он у нее был, — продолжал он как ни в чем не бывало. — Он, наверное, примерно ее возраста, молодой мужик, остался один с ребенком или даже с несколькими детьми. И как ему дальше жить?

— Да перестань ты о ней говорить! — раздраженно бросила Галя, пытаясь ускорить шаг.

Но идти быстрее ей не удавалось, по-

тому что дороги она не знала и вынуждена была у каждого поворота ждать Николая, который вовсе не торопился.

— Неужели ты так равнодушна к чужому горю? — укоризненно покачал головой лицемер Селуянов. — Вот ты только представь себе, молодой мужчина и молодая женщина жили вместе, любили друг друга, растили детей, строили планы на будущее, может быть, собирались в этом году ехать в отпуск. Они думали о том, какое образование дать детям, как отремонтировать квартиру, что подарить на день рождения друзьям. И вдруг — раз! — и все переломилось. Жены больше нет, остается молодой вдовец с детьми на руках. Я уж не говорю о том, как сильно он переживает, но ведь есть и другие моменты. Например, он работал на двух или трех работах, чтобы обеспечивать семью, а что ему сейчас делать, когда дети требуют ухода и присмотра? Уходить со всех

работ сразу и умирать с голоду? Или нанимать прислугу? Но ей платить надо. Самый тривиальный выход — найти новую жену, которая будет присматривать за детьми и хозяйством бесплатно, а много ли желающих найдешь? Поэтому жениться он вынужден будет не по любви, и очень скоро этот брак превратится в пытку. Дети будут ревновать и закатывать истерики, для них это станет моральной травмой, сам вдовец будет мучиться рядом с нелюбимой, но необходимой ему женщиной, и в результате лет через пятнадцать-двадцать это обернется для него еще одной трагедией. Холодный вымученный брак высосет из него всю кровь, жена тоже будет чувствовать себя нелюбимой и превратится в истеричку или в сварливую бабищу, а дети постараются как можно быстрее смотаться от них, потому что им невыносимо жить в такой атмосфере. Они никогда не будут испыты-

вать к отцу благодарность за то, что он загубил свою жизнь ради них. И останется этот вдовец у разбитого корыта, всеми брошенный и никем не любимый. А ведь еще неделю назад все было так радостно, и ему казалось, что впереди длинная и счастливая жизнь с любимой женой и прелестными детками...

Селуянов рассуждал пространно и неспешно, зорко следя за реакцией своей спутницы. Галя, поняв, что не заставит его идти быстрее, шагала рядом с видом великомученицы и демонстративно смотрела в сторону, никак не поддерживая разговор. Но в конце концов не выдержала.

— Да заткнись ты! — грубо выкрикнула она. — Не хочу ничего слышать про этого вдовца!

Селуянову не составило большого труда разыграть обиду и ловко повести дальнейший разговор таким образом, что, ког-

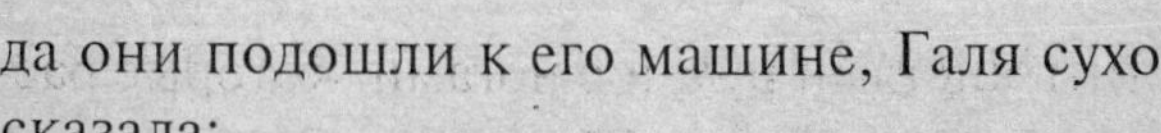

да они подошли к его машине, Галя сухо сказала:

— Знаешь, я не хочу в ресторан. Отвези меня домой, я устала.

Николай с удовольствием выполнил просьбу, с трудом сохраняя обиженную мину. Не очень-то ему и хотелось в этот ресторан. А уж если совсем честно, то и вовсе не хотелось. Дома его ждала Валюшка, отменная кулинарка, и приготовленный ею ужин даст фору любому ресторанному меню. Валюшка, его свет в окошке, его девочка любимая, которая встретилась Николаю, когда он был на полпути к тому, чтобы окончательно спиться. Валюшка, отчаянная автогонщица и прирожденная милицейская подруга, готовая ждать Николая с работы до самого утра, периодически подогревая ужин, чтобы был горячим в любой момент, преданная и любящая. Валюшка, тоненькая как тростинка, с талией, которую можно обхва-

тить кистями рук, и с ногами, которые растут прямо от шеи. Конечно, Валюшка не сравнится ни с какой Галочкой и вообще ни с кем.

Селуянов уже понял, что встречаться с Галей ему больше не требуется, но хотелось добавить к общей картинке завершающий штрих, чтобы уж наверняка. И он слегка изменил маршрут.

— Через Садовое кольцо не поедем, там сейчас пробки — жуть, попробуем объехать переулками, — сказал он, переезжая перекресток насквозь, вместо того чтобы свернуть налево на Садовую-Каретную.

Ближе к площади у «Красных Ворот» он сделал еще несколько маневров и выехал прямо на улицу, где жил Дударев. Точно в том самом месте, где стояла когда-то его фиолетовая «Шкода-Фелиция», у Селуянова благополучно забарахлил движок. Николай открыл капот и занялся имитацией ремонта. Выдержки у Галины

хватило ненадолго. Первые три-четыре минуты она нервно поглядывала на дверь подъезда, потом выскочила из машины и яростно хлопнула дверцей.

— Только такой кретин, как ты, может возить даму на сломанной машине. Вот и возись с ней до завтра, а я поймаю такси.

Николай помахал в воздухе грязными руками и изобразил воздушный поцелуй.

— Счастливой дороги, моя принцесса! Ищи дураков в лимузинах, они обожают подвозить таких красавиц, как ты.

Галя умчалась, сердито стуча каблучками, и Николай облегченно вздохнул. Пусть она думает, что он невоспитанный и неотесанный мужлан. Пусть думает, что они поссорились навсегда. Пусть считает, что это она его бросила. И совсем ей не нужно понимать, что на самом деле это Николай Селуянов, оперативник из уголовного розыска, ловко избавился от нее, как только она стала не нужна.

А она действительно больше не нужна. Ибо совершенно понятно, что в ее контору Георгий Николаевич Дударев приходил именно к ней. И судя по тому, как нервно она восприняла рассуждения о семейной жизни и молодом вдовце, приходил он к ней не по «убойному» делу, а исключительно по сердечному. Дамочка плохо владеет собой и явно не особенно умна, маловероятно, что господин Дударев привлек ее к убийству собственной жены в качестве помощницы. Не в меру болтлива наша Галя, этого даже полный идиот не сможет не заметить. Полагаться на нее нельзя. Конечно, Галочку еще проверят по всей форме, и, может быть, Селуянову еще придется с ней помириться, правда, ненадолго. Но скорее всего здесь нет ничего, кроме флирта или даже некоторого романа. Ай да Дударев, ай да дамский угодник, иметь красивую богатую

жену и как минимум двух любовниц — это надо суметь. Это не каждому дано.

В этот момент Селуянов почему-то подумал об Ольге Ермиловой. Ведь это именно ее, а вовсе не пустую, болтливую Галочку, Дударев просил по телефону найти хорошего адвоката. И, судя по отчетам наружников, Ермилова нашла адвоката и даже встречалась с ним вместе с Дударевым. Отчего-то Дударев вторую свою подружку этим заданием не загрузил. Почему? Считал, что Ольга лучше справится? Точно знал, что Галя не сумеет ничего толкового сделать? Или по еще каким-нибудь соображениям?

Все просто, как сказка про репку, решил Селуянов, подъезжая к дому. Ольга знает, что его подозревали и продолжают подозревать в убийстве жены, так что с ней скрытничать глупо. Ольга узнала об этом от мужа. А Галя этого может и не знать. Сказать ей об этом не мог никто,

кроме самого Георгия Николаевича, а он, по всей вероятности, этого не сделал. Почему? Опять же все просто. Финансовое положение Дударева не из завидных, Елена Петровна наличные в доме не держала, а те, что находились в сейфе в офисе, никто ему не отдаст. Дураков нет. Офис — собственность фирмы, и все, что в нем находится, тоже. Ты сначала докажи, что эти деньги твои, а не фирме принадлежащие, а потом, может быть, ты их получишь. И то не сразу. Те же вклады, которые находятся в банках, переходят по наследству, и на это требуется немалое время. А жить уважаемому Георгию Николаевичу на что? Недаром он кинулся судорожно искать себе работу. Но с работой не все так просто, а кушать хочется каждый день, и не по одному разу. Галочка женщина небедная и принадлежит к той категории людей, которые, влюбившись, готовы кинуть к ногам возлюблен-

ного все, что имеют. Вероятно, Дударев одалживает у нее некоторые суммы, рассказывая о временных трудностях с обналичиванием денег. Естественно, в долг, и точно так же естественно, не говоря ни слова о том, что может в любой момент снова оказаться в камере, и на этот раз уже надолго. Кто ж тебе даст в долг, если тебя посадить могут?

Приехав домой, Николай с удовольствием стащил с себя влажную от пота одежду и залез под прохладный душ. Запахи Валюшкиной стряпни разносились по всей квартире и проникали даже в ванную. Намыливая волосы шампунем, он пытался по запаху угадать, с какой начинкой будут пироги, с мясом или с грибами. Но в том, что будут именно пироги, он не сомневался ни секунды. «Какое счастье, — думал он, смывая мыльную пену, — что можно быть дома и гадать о том, с чем твоя жена испекла пироги, а не о том, пойдет

она сегодня на свидание с любовником или вернется с работы вовремя. Тьфу, опять я про первую жену думаю. Надо же, до какой степени она мне мозги отравила! Сейчас даже вспомнить страшно, в каком кошмаре я тогда жил...»

Пироги оказались с яблоками, и Селуянов признался себе, что угадыватель из него получился никудышный.

* * *

Когда раздался телефонный звонок, Ольга Ермилова загружала бельем стиральную машину. Едва услышав в трубке голос адвоката Храмова, она почувствовала, как сердце болезненно сжалось. Голос у него был таким, что Ольга сразу поняла: он скажет что-то плохое. Неужели с защитой Георгия ничего не получается? Неужели он действительно виновен и доказательств его вины столько, что увернуться никак не удастся? Впрочем, в том, что он виновен, Ольга была почти уверена,

только надеялась все время, что адвокат что-нибудь придумает и вытащит Дударева из беды.

— Ольга Васильевна, мне очень жаль вам это говорить, но вам придется подыскать себе другого адвоката, — сказал Храмов.

— Почему? — оторопела Ольга.

Она ожидала чего угодно, только не этого.

— Видите ли, я не могу больше заниматься вашим делом.

— Но почему?

— По семейным обстоятельствам. Мне нужно уехать как минимум месяца на два, а может быть, придется задержаться и подольше. Вы уж извините, что так получилось, но я действительно не могу заниматься вашим делом сейчас. Найдите себе другого адвоката, а аванс, который вы мне выплатили, я вам верну. Полностью.

— Нет, зачем же, — вяло ответила Ольга, — вы же работали, тратили время...

Оставьте себе хотя бы часть денег, вы их заработали.

— Нет, Ольга Васильевна, у меня есть свои правила. Я беру деньги только в том случае, если довел дело до конца, то есть сделал все, что от меня зависело. Давайте не будем это обсуждать, аванс я верну. Поверьте, мне очень жаль, но я вынужден отказаться. Если вы найдете другого адвоката, можете рассказать ему о той линии защиты, которую я избрал. Может быть, она покажется ему перспективной. Хотя, возможно, он сможет придумать что-нибудь получше.

Ольга обессиленно присела на диван в гостиной. На нее навалилась давящая усталость, руки и ноги, казалось, оцепенели и уже никогда больше не смогут двигаться. Нужно искать другого адвоката... Где его искать? Снова идти к тому старому юристу и просить еще об одной консультации? Ну и кого он посоветует? Опять какого-нибудь молокососа, который возь-

мется за дело, а потом откажется, не устояв перед перспективой поехать в отпуск на теплое море. В том, что Храмов отказался от дела как раз по этой причине, Ольга не сомневалась. Лето, невыносимая московская жара, какой уважающий себя человек будет торчать в городе, если есть хоть малейшая возможность плавать в прохладной воде и дышать горным или морским воздухом, а не тяжелыми выхлопными газами, от которых першит в горле и слезятся глаза. Одни, богатые и счастливые, поедут отдыхать, а другие, на которых обваливается неожиданная беда, будут сидеть в московских квартирах, не спать ночами, плакать и ждать чуда. Которое так и не случится.

На всякий случай Ольга, достав записную книжку и найдя нужный номер, позвонила тому старому адвокату. Ей вежливо ответили, что он уехал из Москвы и до середины сентября не вернется. Ну конечно, с горечью подумала Ольга, бога-

тые и счастливые могут себе это позволить.

Она услышала, как из комнаты сына вышел Михаил и направился на кухню. И Ольга решилась. В конце концов, она должна сделать все, что от нее зависит, чтобы спасти человека, который ей доверился. И плевать на самолюбие.

— Миша, можно мне поговорить с тобой?

— Поговори, — равнодушно бросил Михаил.

Он стоял посреди кухни в джинсах и с обнаженным торсом и заваривал себе чай. Ольга невольно залюбовалась его широкими плечами, даже небольшой жирок на талии не портил его. Хотя у Георгия и этого жирка не было, он весь состоял из одних мускулов. «Да что я их сравниваю, — сердито одернула она себя. — Михаил — мой муж, и я буду отныне ему верна. Каким бы замечательным ни казался мне Георгий».

— Миша, я наняла адвоката для Дударева. Ну вот, он проработал неделю, собрал какой-то материал, а теперь отказывается от дела.

Ольга сделала паузу, ожидая реакцию мужа.

— Ну и что? — все так же равнодушно спросил Михаил.

— Пожалуйста, помоги мне найти другого адвоката. Только не такого сопляка, как этот, а серьезного человека, который возьмется за дело и уже не откажется от него из-за пустяка.

— Совсем с ума сошла? — Глаза Ермилова мгновенно налились гневом. — Ты что себе позволяешь? Ты сначала изменяешь мне, а потом, когда твой любовник убивает свою жену, а я его почти сажаю, ты просишь сначала, чтобы я его отпустил, а теперь требуешь, чтобы я ему адвоката искал? Ты за кого меня принимаешь? За тряпку безвольную, которая будет пля-

сать под твою дудку? Не будет этого. Никогда. Так и запомни.

Он взял большую чашку с чаем и повернулся, чтобы выйти из кухни, но Ольга перегородила ему путь.

— Миша, пожалуйста... Я все понимаю, и ты не представляешь, как сильно я чувствую свою вину. Я проклинаю себя за то, что сделала. Но я это уже сделала, и изменить это невозможно. Ты можешь обойтись со мной как угодно, только не бросай меня в беде, я прошу тебя. Я должна помочь этому человеку, потому что он попросил меня о помощи. Он тоже в беде, и я не могла ему отказать. Я обещала. А пообещать человеку помощь и бросить его на произвол судьбы — это подло. Я так не могу. Я никогда больше не буду с ним встречаться, я даже не вспомню о нем, но свои обещания я должна выполнить.

— Изменять мужу тоже подло, но тебя это соображение почему-то не остановило, — холодно заметил Ермилов.

— Это было помрачение рассудка. Миша, поверь, такое помрачение рассудка бывает хоть раз в жизни с каждым человеком, только с одними это происходит раньше, когда они еще не состоят в браке, с другими позже. Но это бывает с каждым. Это как корь или ветрянка, этим болеют все, только одни в детстве, и тогда это проходит легче, а другие — когда становятся старше, и болеют они тяжелее. Мишенька, я все понимаю, я себя казню, ты даже представить себе не можешь, как я себя казню. Это было и прошло. Остался только моральный долг, чисто человеческий. Нельзя бросать людей в беде, даже если эти люди тебе никто.

— Ну хорошо, и чего ты хочешь от меня? — устало спросил Ермилов.

Он вернулся к столу, поставил чашку и сел.

— Помоги найти адвоката. Нормального.

— А тот, которого ты нашла сама, чем тебя не устраивает?

— Он меня всем устраивает, но он только что позвонил и сказал, что больше не будет заниматься этим делом.

— Почему?

— Я не знаю. Он сказал, что должен по семейным обстоятельствам куда-то уехать надолго. Я думаю, он врет, просто он молоденький, ему хочется приятной жизни и развлечений. Я так на него надеялась, он ведь сам раньше работал в милиции и сразу сказал мне, как и что нужно делать, и вот теперь... Наверное, его девушка пригласила куда-то на отдых, и он не счел нужным отказываться от этого ради какого-то дела. Мне нужен серьезный адвокат, а не вертопрах. Ты можешь мне помочь?

— Скажи мне, а как ты его нашла?

— Кого? — не поняла Ольга.

— Ну этого... как его...

— Храмова?

— Не знаю я, как его зовут. Ты мне не сказала.

— Храмов Анатолий Леонидович. Мне его порекомендовал один старый адвокат.

— Ну так обратись к нему еще раз, пусть он порекомендует тебе кого-нибудь другого.

— Я пыталась. Он уехал из Москвы и до середины сентября не вернется. А больше у меня никаких связей нет.

— Ну да, конечно, — усмехнулся Михаил, — зато у меня они есть, и ты бесстыдно хочешь этим воспользоваться. Нет уж, дорогая моя, когда ты бегала на любовные свидания к Дудареву, ты не спрашивала ни советов моих, ни помощи. Ты была очень умная и самостоятельная и сама решала, как тебе строить свою семейную жизнь. Что же ты, резко поглупела за последние дни? Шагу теперь без мужа ступить не можешь?

— Миша, я прошу тебя...

— Да не проси ты меня! — вспылил Ермилов. — Ты думаешь, у меня камень вместо сердца? С того момента, как ты мне призналась, у меня все время черно перед глазами! Я не знаю, как жить дальше, а ты требуешь, чтобы я помогал твоему любовнику. Господи, как у меня сердце еще не разорвалось, не понимаю!

Он резко встал и выскочил из кухни. Хлопнула дверь маленькой комнаты. Ольга неподвижно стояла, уставившись глазами на нетронутую чашку с чаем. Внутри у нее разливалась мертвенная чернота.

Литературно-художественное издание

Маринина Александра Борисовна

ПРИЗРАК МУЗЫКИ
Том первый

Издано в авторской редакции
Художественный редактор *А. Стариков*
Художник *В. Щербаков*
Технические редакторы *Н. Носова, А. Щербакова*
Корректор *В. Назарова*

Налоговая льгота — общероссийский классификатор продукции ОК-005-93, том 2; 953000 — книги, брошюры

Подписано в печать с готовых диапозитивов 12.10.99.
Формат 70×90 $^1/_{32}$. Гарнитура «Таймс».
Печать офсетная. Усл. печ. л. 11,7. Уч.-изд. л. 6,9.
Тираж 150 000 экз.

Изд. лиц. № 065377 от 22.08.97.

ЗАО «Издательство «ЭКСМО-Пресс»,
125190, Москва, Ленинградский проспект,
д. 80, корп. 16, подъезд 3.

Отпечатано на ордена Трудового Красного Знамени
Чеховском полиграфическом комбинате
Государственного комитета Российской Федерации
по печати
142300, г. Чехов Московской области
Тел. (272) 71-336. Факс (272) 62-536

КУПОН №1 – НОЯБРЬ

Соберите купоны с номерами 1, 2 и 3 из книг карманного формата серий «РУССКИЙ БЕСТСЕЛЛЕР», «РУССКИЕ РАЗБОРКИ», «НАСЛАЖДЕНИЕ», «ГОЛОС СЕРДЦА», «СОБЛАЗНЫ», «КРУЖЕВО», «СТАЛЬНАЯ КРЫСА».

Вложите все три купона в конверт и отправьте по адресу:

101000, г.Москва, а/я 333,
Издательство «ЭКСМО»
с пометкой «Большой Розыгрыш Призов».

ЗДЕСЬ

Укажите Ваши координаты:

Фамилия________________________

Имя________________________

Отчество________________________

Почтовый индекс________________________

Адрес________________________

____

Контактный телефон________________________